Objeto impróprio

Objeto impróprio

arte, política e o contemporâneo

Otavio Leonidio

EDITORA PUC RIO

NUMA

Coleção Diálogos

Rua Marquês de S. Vicente, 225 – Prédio Kennedy, 7º andar
Gávea – Rio de Janeiro – RJ – CEP 22451-900
Tel.: (21) 3736 1838
www.editora.puc-rio.br | edpucrio@puc-rio.br

Direção editorial: Felipe Gomberg
Produção editorial e edição: Livia Salles
Comunicação e projetos especiais: Tatiana Helich Lopes

www.numaeditora.com
contato@numaeditora.com

Revisão de provas: Cristina da Costa Pereira
Projeto gráfico: Regina Ferraz
Editoração de miolo: SBNigri Artes e Textos Ltda.
Editoração de capa: Flávia da Matta Design

Dados Internacionais de Catalogação na Publicação (CIP)

Leonidio, Otavio
Objeto impróprio : arte, política e o contemporâneo / Otavio Leonidio. – Rio de Janeiro : Ed. PUC-Rio : Numa, 2024.

184 p. : il. ; 21 cm + 1 caderno iconográfico (16 p. : il. ; 21 cm). – (Coleção Diálogos)

Inclui bibliografia
ISBN (PUC-Rio): 978-85-8006-311-0
ISBN (Numa): 978-85-67477-64-0

1. Arte – Aspectos políticos. 2. Arte brasileira. I. Título. II. Série.

CDD: 701.03

Elaborado por Marcelo Cristovão da Cunha – CRB-7/6080
Divisão de Bibliotecas e Documentação – PUC-Rio

Sumário

Para minha filha Ines

Agradecimentos

A publicação deste livro seria impensável sem as inestimáveis contribuições de Andre Fischer, Bernardo Bazani, Bruna Alvino, Clara Linhart, Conceição Davidovich, Déborah Danowski, Eduardo Rossetti, Fernanda Alves, Fernando Fuão, Fernando Luiz Lara, Flávio Moura, Gabriel Pomerancblum, Guilherme Freitas, Hans U. Gumbrecht, João de Azevedo e Dias Duarte, João Masao Kamita, Júlio Diniz, Karl Heinz Bohrer, Kaye Cain-Nielsen, Leonardo Filippo, Lívia Salles, Lucas Ferraço Nassif, Luís Gustavo Costa Araújo, Luiz Camillo Osório, Manuela Muller, Marcelo Gantus Jasmin, Margaret Tompkins, Michael Bratman, Natália Quinderé, Patrick Pessoa, Paulo César Duque Estrada, Paulo Roberto Pires, Paulo Venâncio Filho, Rodrigo Naves, Rui Valporto, Stefania Paiva e Vladimir Vieira. A todas e todos, meus mais sinceros agradecimentos.

Sou igualmente grato aos/às artistas que, de maneiras diversas, contribuíram para a publicação do livro, nomeadamente Adirley Queirós, Carlos M. Teixeira, Cildo Meireles, Eduardo Coimbra, Elílson, Juliana Notari, Lyz Parayzo, Maria Palmeiro e Wagner Schwartz.

Agradeço também aos alunos, orientandos, pesquisadores e colegas do Departamento de Arquitetura & Urbanismo e dos programas de pós-graduação em Arquitetura & Urbanismo e História Social da Cultura da PUC-Rio; aos parceiros do Grupo de Pesquisa Arquitetura, Derrida, Aproximações (coordenado por Dirce Solis e Fernando Fuão); e aos integrantes do Laboratório Filosofias do Tempo do Agora (Lafita), vinculado ao Programa de Pós-Graduação em Filosofia da Universidade Federal do Rio de Janeiro (PPGF/UFRJ). Os ensaios aqui reunidos devem imensamente à interlocução que tive a honra de manter com elas e eles.

Um agradecimento especial vai para Carla Rodrigues, com quem tive a honra de colaborar no pós-doutorado que fiz em 2023, sob sua supervisão, no PPGF/UFRJ. Se empreguei a palavra "política" no título deste livro, foi graças ao encorajamento de Carla, e aos inúmeros ensinamentos e sugestões que ela generosamente me ofereceu e segue oferecendo.

Sou especialmente grato ainda a Felipe Gomberg, editor excepcional e amigo querido; e a Paula de Oliveira Camargo, a quem, em múltiplos sentidos, a publicação deste livro tanto deve.

Por fim, agradeço à PUC-Rio, que me concedeu, ao longo de todo o ano de 2023, uma licença sabática para fins de pesquisa e aprimoramento acadêmico. A publicação deste livro, assim como a realização de meu estágio pós-doutoral, seriam inviáveis sem o apoio de minha Universidade.

Introdução

O que há de específico a ser pensado sob o nome de política? Pensar essa especificidade implicará separá-la daquilo que comumente se coloca sob esse nome...

Jacques Rancière

Os ensaios reunidos neste livro, escritos ao longo de uma década, são uma tentativa de compreender como e em que sentido a chamada arte contemporânea é política.

O debate sobre os vínculos entre arte e política não é novo. Ele remonta ao próprio surgimento da estética como ramo específico da filosofia, ainda no século XVIII.[1] Em linhas gerais, ele se caracteriza pela oposição entre dois campos, conceitual e ideologicamente, antagônicos. De um lado, estão aqueles que, seguindo o argumento do excepcionalismo da experiência estética (supostamente autônoma em relação à experiência prática e, portanto, política da vida), defendem uma distinção essencial e irrevogável entre arte e política. Do outro, aqueles que, rejeitando o argumento da autonomia da arte, separam as práticas artísticas entre engajadas/políticas e desengajadas/apolíticas.

Esse antagonismo se manteve de pé no âmbito da arte contemporânea – vale dizer, a arte que, a partir dos anos 1960, sucede e de certo modo supera a arte moderna. Alguns autores chegaram mesmo a caracterizar esta arte tomando como base precisamente a oposição entre práticas políticas e apolíticas. Para o historiador da arte Alexander Alberro, por exemplo, um movimento tão importante quanto o minimalismo (tido muitas vezes como pedra fundamental da arte contemporânea)[2] seria marcado por "uma despolitização aberta, uma simplificação dos objetivos estéticos e filosóficos [da arte]".[3] Em sua versão mais radical, a própria ideia de arte política é problematizada, quando não simplesmente descartada em favor de uma concepção segundo a qual, nas palavras do teórico político Oliver Marchart, "uma prática artística verdadeiramente política não pode ser mantida dentro das fronteiras de um gênero como a 'arte política' ou a 'arte crítica'". Opondo-se ao que chama de "ideologia espontânea do meio da arte", Marchart argumenta que,

> se quisermos aumentar a politicidade da arte, devemos abrir uma passagem em direção à política, não em direção à representação ou ao mimetismo da política, mas em direção à política como uma prática social com os seus próprios protocolos – protocolos que não são, e não podem ser, inteiramente congruentes com a arte tal como definida pelos funcionários do campo da arte. Práticas ativistas no campo da arte ensinam-nos esta lição simples: a arte é política quando é política. Não é, quando não é.[4]

O que me parece mais problemático em argumentos como os de Marchart não é tanto o radical antagonismo que estabelecem entre "arte política" e "arte apolítica", mas deixar de lado aquilo que mais interessaria discutir – a saber, o que afinal se entende por "política" (atividade que Marchart caracteriza como "uma prática social com seus próprios protocolos").

O que resulta de caracterizações como as de Marchart não é apenas simplificador, mas sobretudo limitador: uma vez que já se sabe de antemão o que é e o que não é *propriamente* político, exclui-se de saída a possibilidade de que práticas artísticas possam ser políticas de modos e em sentidos alternativos e inusitados – modos que eventualmente põem em xeque alguns dos pressupostos básicos das noções convencionais de política e ação política.

Esse tipo de inconsistência não se limita a argumentos e posições radicais como os de Marchart. Tome-se, por exemplo, a argumentação de Claire Bishop em seu famoso ensaio "Antagonismo e estética relacional", de 2004.[5] Embora a noção de "antagonismo relacional" proposta por Bishop constitua uma importante contribuição para o debate sobre o significado da arte contemporânea, em particular no que diz respeito às noções de interação e participação, a ideia de política subjacente a seu argumento permanece em larga medida indisputada. Notadamente, o uso que Bishop faz do conceito de antagonismo segue atrelado a definições convencionais de política e ação política. Donde, por exemplo, a afirmação (a propósito do trabalho do artista contemporâneo Thomas Hirschhorn) de que "o espectador já não é coagido a cumprir os requisitos interativos do artista, mas é pressuposto como um sujeito de pensamento independente, *que é o pré-requisito essencial da ação política*".

As noções de ação política e, por extensão, de política, empregadas por Bishop são, é verdade, coerentes com a concepção original e altamente produtiva de política da filósofa Chantal Mouffe. Mas é precisamente por esse motivo que são também limitadoras. Como Mouffe esclarece em *On the Political* (2005), a sua é uma noção de política muito específica e, como enfatiza a autora, limitada: em contraste com "o político", "a política", nas palavras de Mouffe, preocupa-se exclusivamente com "o conjunto de práticas e instituições através das quais se cria uma ordem, organizando a convivência humana no contexto da conflitualidade proporcionada pelo político". Donde sua advertência de que "o meu principal campo de investigação neste livro diz respeito às práticas atuais da política democrática e está, portanto, localizado ao nível 'ôntico'" (leia-se, ao nível das práticas políticas institucionalizadas).

Uma vez mais, creio que a noção de antagonismo relacional de Bishop é uma contribuição importante para o debate sobre as noções de interação e participação. Dito isso, seu argumento padece muitas vezes de um axiomatismo semelhante ao das proposições de Alberro e Marchart. De fato, afirma Bishop, ações *propriamente* políticas têm sempre como origem um único e mesmo agente: "um sujeito de pensamento independente" – em outras palavras, o sujeito cartesiano autônomo e autorreflexivo, consciente e responsável, interventor e prospectivo. Que a "política" subjacente a uma seção importante da arte contemporânea (a começar pelo minimalismo) se baseia, como argumento no Capítulo 3, precisamente na tentativa de neutralizar o sujeito cartesiano, aponta para os limites da argumentação de Bishop.

O objetivo deste livro não é, contudo, depreciar os trabalhos incontestavelmente relevantes de autores como Alberro, Marchart e Bishop. Se mobilizo seus argumentos, é no intuito de destacar a necessidade de se questionar o que se entende por política e ação política quando se discute a politicidade da arte contemporânea.

De modo geral, portanto, os textos aqui reunidos têm como principal objetivo contribuir para a complexificação dos termos em que, reiteradamente, se discute a dimensão política da arte que vem sendo produzida dos anos 1960 para cá. Para além disso, eles foram escritos com base em uma hipótese polêmica de trabalho, qual seja: o que se convencionou chamar de "arte contemporânea" se caracteriza também pela reivindicação de concepções alternativas e *impróprias* de ação política.

Tenho consciência de quão arriscado, para não dizer temerário, é especular sobre a emergência de concepções alternativas de ação política e de política. Se o fiz, foi por duas razões: (1) ao considerar as reflexões de autores como Jacques Derrida, Jota Mombaça, Paul B. Preciado, Carla Rodrigues e Judith Butler, dentre outres, me convenci de que modos alternativos de ação política não são apenas concebíveis e necessários (a despeito das crispações que essa possibilidade suscita),[6] mas vêm de fato sendo postos em prática ao longo das últimas décadas, e de modos que desafiam alguns dos pressupostos essenciais do que tradicionalmente entendemos como ação *propriamente* política; (2) observando o trabalho de artistas como Márcia X, Eduardo Coimbra e Lyz Parayzo, do arquiteto Carlos M. Teixeira, e do cineasta Adirley Queirós, entre outres, reconheci manifestações que não apenas se assemelham, mas muitas vezes antecipam os modos de ação descritos pelos autores e autoras acima citados, com destaque para "modalidades de agência e resistência" que, escapando do "modelo do sujeito", constituem "tipos de antagonismo" alternativos.[7]

Mais do que expressar meu próprio interesse pela dimensão política da arte contemporânea, o uso da palavra "política" no título do livro expressa, portanto, a convicção de que os trabalhos e as ações aqui apresentados não são apenas resolutamente políticos; são políticos de um modo *impróprio*. Diminuir a ênfase política que o livro dá a esses trabalhos poderia ser seguro para o autor, mas não faria justiça às ações de que se ocupa o livro.

Um esclarecimento adicional diz respeito ao uso que faço ao longo do livro da categoria "contemporâneo". Sobretudo no Capítulo 1, ela é ainda tratada como uma condição estética e temporal dotada de qualidades intrínsecas substantivas, supostamente divergentes daquelas que caracterizavam a condição moderna. Nos capítulos finais, no entanto, o "contemporâneo" é tratado sobretudo como dispositivo político-epistemológico, empregado com vistas ao bom funcionamento de um sistema de arte que, pressionado por mudanças socioculturais, tenta a todo custo se manter de pé e minimamente operante. Como afirma Jota Mombaça, "as narrativas benevolentes da aliança branca – fórmulas como 'dar espaço', 'dar visibilidade', 'dar voz', todas elas predicadas no desejo normativo de ajustar o mundo social – têm como limite mais evidente a incapacidade dessas mesmas narrativas em incorporar a dimensão negativa desse trabalho, ou seja: 'perder espaço', 'perder visibilidade', 'perder voz'".[8] Que um número crescente de artistas "não-ocidentais" venha optando, como argumento no Capítulo 6, por *inapropriar* os dispositivos da arte contemporânea, eis algo que diz muito do modo como a política é performada hoje no meio impróprio da arte.

*

Os seis capítulos que compõem o livro seguem a ordem cronológica em que foram originalmente publicados. Dito isso, não vejo qualquer prejuízo em que sejam lidos fora de ordem. As pequenas modificações que fiz nas versões originais, e que buscaram sobretudo suprimir redundâncias, foram feitas em todo caso com o intuito de permitir esses dois tipos de leitura.

Notas

1 ARGAN, Giulio Carlo. *Arte Moderna. Do Iluminismo aos movimentos contemporâneos*. São Paulo: Companhia das Letras, 1992.

2 FOSTER, Hal. "The Crux of Minimalism" in _____. *The Return of the Real*. Cambridge (MA) and London: The MIT Press, 1996, p. 37-70.

3 ALBERRO, Alexander. "The Turn of the Screw. Daniel Buren, Dan Flavin and the Sixth Guggenheim International Exhibition", *October*, v. 80 (Spring, 1997), p. 59 (nota 10) e 80-81, respectivamente. Tradução e ênfases minhas.

4 MARCHART. Oliver. *Conflictual Aesthetics. Artistic Activism and the Public Sphere*. Berlin: Sternberg Press, 2019, p. 14. Tradução minha.

5 BISHOP, Claire. "Antagonism and Relational Aesthetics", *October*, v. 110 (Fall, 2004), p. 77. Tradução e ênfases minhas.

6 Cf. DERRIDA, Jacques. "É preciso comer bem ou o cálculo do sujeito", *Revista Latino-Americana do Colégio Internacional de Filosofia*, n. 3 (2018), p. 172.

7 BUTLER, Judith. *A força da não violência. Um vínculo ético-político*. São Paulo: Boitempo, 2021, p. 97; *Quadros de guerra. Quando a vida é passível de luto?* Rio de Janeiro: Civilização Brasileira, 2020, p. 55. Carla Rodrigues destacou este aspecto do pensamento de Butler em RODRIGUES, Carla, "Três tempos da performatividade em Butler" in CATTONI, Marcelo e VIANA, Igor (orgs.). *Políticas da performatividade. Conferências*. Belo Horizonte: Conhecimento Livraria e Distribuidora, 2019, p. 29-42.

8 MOMBAÇA, Jota. "A coisa tá branca!" in _____. *Não vão nos matar agora*. Rio de Janeiro: Cobogó, 2021, p. 40.

... se a política não fosse mais compreendida como um conjunto de práticas derivadas dos supostos interesses de um conjunto de sujeitos prontos, uma nova configuração política surgiria certamente das ruínas da antiga.

Judith Butler

E quem seremos se corrermos o risco de um outro performativo?

Paul B. Preciado

1. Caminhos comoventes. Concretismo, neoconcretismo e arte contemporânea brasileira

> *De nada nos servirá ver em Mondrian o destrutor da superfície, do plano, da linha, se não atentamos para o novo espaço que essa destruição construiu.*
>
> Ferreira Gullar[1]

Quão contemporânea é a arte contemporânea brasileira?

A pergunta parece fora de lugar e de ordem, estranha ao ambiente triunfalista que caracteriza a suposta consagração internacional da nossa arte contemporânea e, mais particularmente, de suas duas grandes figuras de proa – Lygia Clark e Hélio Oiticica. Com o que segue, quero mostrar que, mais do que oportuna, a pergunta é crucial.

Para respondê-la, tratarei de uma ação específica – a performance *Symbebekos*, da artista Juliana Notari, ocorrida em março de 2011 no vão livre do Museu de Arte Moderna do Rio de Janeiro (MAM Rio).

E adotarei como marco crítico duas interpretações mais ou menos indisputadas da arte contemporânea brasileira, quais sejam:

(1) o concretismo paulista marca o esgotamento do ciclo modernista (i.e., vinculado à agenda da brasilidade modernista marioandradina e oswaldiana) nas artes visuais brasileiras e inaugura o ciclo moderno;

(2) o neoconcretismo carioca constitui uma superação do concretismo – superação caracterizada pelo ultrapassamento

da ortodoxia racionalista concretista em favor do sensualismo fenomenológico neoconcreto.

Comecemos pela primeira, a interpretação bastante repisada de que o concretismo marca o esgotamento do ciclo modernista das artes visuais brasileiras, e inaugura o ciclo moderno. A afirmação não implica, sem mais, que, com o advento do concretismo, se exaure o modernismo brasileiro, que ele simplesmente deixa de existir. Quer dizer apenas que ele deixa de ser reconhecido por setores da vanguarda artística brasileira como o carro-chefe da tarefa da Modernidade, vale dizer, o empenho concertado dos setores alegadamente mais avançados da cultura artística nacional em favor da renovação e da autonomização da prática e da pesquisa em artes visuais no Brasil. Numa palavra, dizer o esgotamento do modernismo significa dizer que ele deixa de ser reconhecido como a vanguarda da vanguarda.

Na prática, portanto, o advento do concretismo marcaria o fim do ciclo de vigência mais ou menos indisputada da brasilidade modernista, período em que a arte brasileira de vanguarda tinha por missão, a partir da agenda definida a partir de meados dos anos 1920 por Mário de Andrade e Oswald de Andrade, incorporar (e gosto do sentido místico dessa palavra) o espírito, o caráter, a feição nacionais, i.e., a "brasilidade".[2]

Sobre o significado para a modernização das artes visuais brasileiras do advento e consolidação do programa da brasilidade modernista, gostaria de recorrer ao que foi dito por dois importantes intérpretes do nosso modernismo – Carlos Zílio e Ronaldo Brito. O que eles disseram? Em *A querela do Brasil*, Zílio tratou do modo como o programa da brasilidade impôs constrangimentos insuperáveis à pesquisa estética modernista:

> [...] após um primeiro momento desorientado de destruição do academismo, os modernistas da Semana [de 1922] propõem um projeto de cultura brasileira. Negando o nacionalismo retórico, eles pretendem a globalização do imaginário brasileiro, numa unidade criada pelas fontes culturais formadoras, na contribuição do popular e na absorção da contemporaneidade da arte das sociedades industriais desenvolvidas. Em arte, o trabalho de Tarsila [do Amaral] será o que melhor consegue realizar a receita dessa sopa antropofágica.[3]

Uma das consequências dessa busca de "unidade" (isto é, de um programa estético que tenta a todo custo conciliar fatores nem sempre compatíveis, nomeadamente, de um lado, o elemento popular brasileiro e, de outro, o pensamento estético das vanguarda europeias, com destaque para a estética cubista) foi o nacionalismo ter se reduzido a uma "temática", a pintura se tornando, por isso mesmo, "narrativa e tradicional com um verniz moderno".[4] Coincidentemente, afirma Zílio, nosso modernismo acaba se ligando ao que há de menos "moderno" no panorama estético internacional:

> Ao buscar a contemporaneidade, o modernismo irá ligar-se a correntes que já não representavam os movimentos mais renovadores. Ao se influenciar por artistas secundários da Escola de Paris, ou ao reiterar de Matisse e de Picasso seus aspectos mais convencionais – salvo, em parte, a exceção de Tarsila com Léger – o movimento brasileiro mostrava suas limitações construtivas. O modernismo não possuiu condições estruturais de perceber os movimentos construtivos, o dadaísmo e o surrealismo a não ser nos seus procedimentos mais aparentes.[5]

Ainda mais enfática é a leitura proposta por Ronaldo Brito em seu ensaio "A Semana de 22: o trauma do moderno", publicado em 1983. Digo mais enfática pois, diferentemente de Zílio, Brito parece menos disposto a conceder aos ideólogos da brasilidade o mérito de ter contestado o que Zílio chama "a ideologia dominante". Eis a leitura que Brito faz da questão da "brasilidade":

> Muito mais um "clima" que um conceito, quase uma sobredeterminação fantasmática, [o programa da "brasilidade"] praticamente impunha aos nossos artistas aquilo que a modernidade europeia desde Manet repudiava – o primado do tema, a sujeição da pintura ao assunto. Para reencontrar, abraçar ou mesmo projetar o Brasil, era necessário, indispensável, dar-lhe um rosto, uma feição. Ora, seria impossível descer às camadas mais profundas da visualidade, investigar suas articulações mais abstratas, amarrado ao compromisso com uma dada figuração. Mais ainda, com o objetivo de vislumbrar e construir uma identidade visual brasileira a partir de matéria-prima artística totalmente diversa que se recebia da Europa. Claro, tudo resultava meio inadequado. A relação posterior entre Portinari e seu fantasma, Picasso, é bastante esclarecedora a respeito.[6]

Brito não para por aí. Ele chama a atenção para a promiscuidade (a terminologia é minha, não dele) que se estabelece, dada a natureza das exigências intrínsecas ao programa da brasilidade, entre palavra e visualidade:

> O que se fala pouco, ou não se fala nunca, é o caráter literário da ideologia da brasilidade. O fato evidente de ser ela, antes de mais nada, verbo, e por isto infundir, de fora para dentro, conteúdos ao trabalho dos pintores e escultores. Assim, apesar dos avanços, seguimos atrelados à tradição cultural portuguesa: o verbo comandava inteiramente o olho, que por si só não detinha poder de significação. [...] a vigência e a premência do tema da brasilidade nas artes

plásticas e a consequente subordinação do olho a uma inteligência apenas ilustrativa, são indissociáveis da herança portuguesa do totalitarismo do verbo. O cubismo, o fauvismo, o suprematismo, o neoplasticismo são exemplos de modernismo exclusiva ou predominantemente visuais. A sua eventual tradução brasileira, no entanto, se faria sempre através do filtro da brasilidade. A fixação de enunciados plásticos brasileiros, quase sempre verbalizáveis, parecia uma necessidade estrutural de nosso modernismo. [...] Este dado específico do nosso modernismo – sua conquista, frente ao academicismo europeizante – nem por isso deixava de ser até certo ponto contraditório com a própria Modernidade.[7]

Apenas para ilustrar a predominância de leituras como as de Zílio e Brito sobre o significado do modernismo brasileiro nas artes visuais, cito outro renomado crítico brasileiro, Paulo Sérgio Duarte. Segundo ele,

> Nosso modernismo é tímido e envergonhado, como quem sai da casa-grande para a cidade e não quer mostrar – aliás, com justa razão – seu passado recente escravocrata e ignorante. As telas geniais de Tarsila, que fazem parte de nossa história da arte, não têm nada de antropofágicas, a não ser o título de uma delas. Em nenhum momento a forma devora o "estrangeiro". A assimilação das lições cubistas e pós-cubistas, já em andamento àquela altura, anos 1920, encontra uma adequação conciliatória no meio brasileiro.[8]

É precisamente esse modernismo tímido e envergonhado, incipiente e conciliatório, que, alegadamente, o concretismo e, depois dele o neoconcretismo, encerraram.

Esta não é, uma vez mais, uma interpretação minha. Dentre suas formulações mais articuladas – e por isso mesmo mais influentes – destaca-se a proposta, uma vez mais, por Ronaldo Brito. Em suas palavras

> No Brasil [...] a arte moderna, em seus conceitos fundamentais, só veio de fato a ser compreendida e praticada a partir da "vanguarda construtiva". Tarsila, Di Cavalcanti, Guignard, Portinari, entre outros, realizaram a passagem e tiveram uma atuação mais ou menos semelhante à dos grupos que precederam na Rússia o surgimento do suprematismo e do construtivismo [...]. Foi na década de 1950 que o meio de arte brasileira começou a lidar com os conceitos da arte moderna e as implicações deles advindas [...]. E é a partir do contato com esses conceitos que vão se produzir os discursos concretos e neoconcretos, com a intenção explícita de levá-los adiante./ [...] Tratava-se de levar à frente o trabalho de Malevich e Mondrian e, mais para perto, de Max Bill e dos concretos suíços. O prêmio da Bienal de São Paulo de 1951 concedido à peça de Bill *Unidade tripartida* foi sintoma do entusiasmo local pelos postulados racionalistas da arte concreta. Esse entusiasmo [...] fez grassar entre os que aqui estavam uma tendência geométrica inequívoca e os conceitos construtivos implícitos nessa tendência.[9]

Brito tampouco está sozinho nessa linha de interpretação. À guisa de exemplo, cito a leitura do crítico Guy Brett, um dos pioneiros na divulgação da arte neoconcreta brasileira no exterior. Em suas palavras,

> O impacto pleno destas ideias [as ideias da vanguarda do século XX] no Brasil coincide com o momento, pouco depois da guerra, quando Lygia [Clark] e o outro grande inovador brasileiro, Hélio Oiticica, começaram a trabalhar. Os dois artistas consideravam Mondrian e Malevich os seus mentores. Foram atraídos para estes artistas como aqueles que, assim o sentiam, se tinham afastado mais

> decisivamente dos instrumentos de representação pictórica – ilusionismo, profundidade, perspectiva – herdados do renascimento [...] No entanto, como se pode ver nos seus escritos e declarações, Lygia e Hélio compreenderam as realizações dos pioneiros da abstração não só como uma tendência formal e conceitual, mas também fenomenologicamente: que o novo espaço pode em certa maneira ser sensualmente *vivido*. [...] É como se Mondrian tivesse montado o cenário para a viagem de Lygia Clark além do ótico.[10]

Como se percebe, a leitura de Brett enfatiza não tanto a primeira, mas a segunda interpretação mais ou menos canônica a respeito da arte contemporânea brasileira, uma vez mais, a de que o neoconcretismo constitui uma superação do concretismo – superação que se identifica com o ultrapassamento da ortodoxia racionalista concretista em favor de uma abordagem mais fenomenológica, vale dizer, mais sensorial, corpórea, sinestésica etc.

Poderia citar novamente, à guisa de exemplo da predominância dessa leitura, a interpretação de Ronaldo Brito, as múltiplas oposições que seu ensaio pioneiro estabelece entre, de um lado, a "ortodoxia concretista", com seu "reducionismo racionalista", e, de outro lado, o aspecto "libidinal", "vivencial", "afetivo", "erótico", "fenomenológico", "expressivo", em suma, de "sensibilização do trabalho de arte".[11] Opto todavia por lançar mão de um texto de época – o *Manifesto neoconcreto*, redigido pelo poeta Ferreira Gullar e assinado, além de Gullar, pelos artistas Amílcar de Castro, Franz Weissmann, Lygia Clark, Lygia Pape, Reynaldo Jardim e Theon Spanúdis. A clivagem com relação ao excessivo racionalismo concretista surge de chofre, já nas primeiras linhas do texto: "A expressão neoconcreto é uma tomada de posição em face da arte não figurativa 'geométrica' (neoplasticismo, construtivismo, suprematismo, Escola de Ulm) e particularmente em face da arte concreta levada a uma perigosa exacerbação racionalista". Gullar prossegue:

> [...] Malevich, por ter reconhecido o primado da "pura sensibilidade na arte", salvou as suas definições teóricas das limitações do racionalismo e do mecanicismo, dando a sua pintura uma dimensão transcendente que lhe garante hoje uma notável atualidade. [...] O racionalismo rouba à arte toda a autonomia e substitui as qualidades intransferíveis da obra de arte por noções da objetividade científica: assim os conceitos de forma, espaço, tempo, estrutura – que na linguagem das artes estão ligados a uma significação existencial, emotiva, afetiva – são confundidos com a aplicação teórica que deles faz a ciência.[12]

Como se vê, mais até do que um enunciado *a favor* do neoconcretismo, o manifesto de Gullar se apresenta, de início, como um discurso incisivamente *contrário* ao concretismo – mais do que um libelo *em defesa* da sensibilidade, emoção e afetividade neoconcretas, um ataque ao racionalismo, ao cientificismo, à objetividade concretista. E isso pela simples razão de que, aos olhos fenomenológicos de Gullar, o concretismo não havia sequer compreendido que uma arte insensível, que descuidava das "possibilidades expressivas" da arte geométrica, nem mesmo arte é. Ressensibilizar a arte não significava, portanto, apenas contrapor-se a uma estética alegadamente equivocada ou ultrapassada; no limite, implicava transformar não arte em arte, no caso, em arte moderna.

*

Redigido e publicado em 1959, o *Manifesto neoconcreto* não discute o tema que aqui nos ocupa, qual seja, a passagem do moderno ao contemporâneo. O "contemporâneo" como categoria operativa tanto da história quanto da crítica de arte data de anos mais recentes, e surge sobretudo como sucedâneo à categoria "pós-moderno" e, mais ainda, "pós-modernismo", tidas cada vez mais como inadequadas para dar conta da experiência contemporânea (o problema residindo sobretudo no prefixo "pós", ou seja, um dispositivo semântico/epistemológico eminentemente historicista e, por isso mesmo, inadequado para dar conta de uma experiência que, alegadamente, escapa ao domínio da historicidade moderna).[13]

O que não significa dizer, absolutamente, que a questão da atualidade do neoconcretismo – não apenas sua pertinência, mas seu avanço *vis-à-vis* de outras manifestações artísticas, em especial o concretismo paulista – não fosse central para o autor e demais signatários do *Manifesto*. Era, claramente. Talvez fosse mesmo uma das questões que mais mobilizava os envolvidos, fazendo com que, aos olhos dos cariocas, seus pares paulistas não fossem considerados apenas equivocados, mas também e sobretudo defasados – artistas que, como reza o *Manifesto*, "[...] ainda veem o homem como uma máquina entre máquinas e procuram limitar a arte à expressão dessa realidade teórica".[14]

Como ocorre frequentemente, ficou a cargo da historiografia, e não dos artistas eles mesmos, a tarefa de definir o neoconcretismo, mais até do que como uma etapa do projeto construtivo brasileiro, como a via de acesso das artes visuais brasileiras ao espaço do contemporâneo. É esta tese – a ideia de que o neoconcretismo marca a passagem da arte brasileira do moderno ao contemporâneo –, mais até do que as duas anteriormente mencionadas, aquilo que eu gostaria de discutir com o que segue.

Uma vez mais, lanço mão da leitura de Ronaldo Brito, e de sua defesa da tese de que o neoconcretismo "operou uma ruptura na sequência do desenvolvimento construtivo" brasileiro e "lançou as bases de uma arte contemporânea no Brasil".[15] A amparar essa tese está a interpretação de que, em última instância (estou, bem entendido, simplificando o argumento de Brito), o significado cultural do neoconcretismo residiria em sua recusa a aderir a "um projeto até certo ponto messiânico, que envolvia uma sequência de esforços no sentido da superação do subdesenvolvimento".[16] Nessa perspectiva, portanto, a contemporaneidade do neoconcretismo estaria em expor (artisticamente) as inconsistências, dilemas e contradições do projeto construtivo brasileiro em sua assumida vinculação com a ideologia do desenvolvimentismo, com seu notório desejo de industrialização, produtividade e racionalização do ambiente moderno brasileiro.

A ser destacado na caracterização de Brito está não apenas a afirmação do neoconcretismo como manifestação cultural autenticamente contemporânea; sobressai igualmente a tendência a definir essa contemporaneidade (ainda que não exclusivamente) em termos locais, vale dizer, em termos da ideologia da modernização brasileira: ser contemporâneo no Brasil foi/é não propriamente, ou não apenas, afirmar a autonomia da pesquisa estética; foi/é afirmar sua autonomia *vis-à-vis* das ideologias dominantes, das forças de manutenção do *status quo*, das proverbiais astúcias da modernização conservadora brasileira, encarnadas, no caso, no projeto desenvolvimentista brasileiro dos anos 1950.

Como era de se esperar, não faltaram interpretações que buscaram definir a contemporaneidade do neoconcretismo tendo como referência manifestações que, no contexto internacional, costumam ser identificadas com a crise do moderno e o advento do contemporâneo – em particular aquela que, ao lado da *Pop Art* e da arte conceitual, encarna essa passagem: o minimalismo.

Vou lançar mão uma vez mais da interpretação de Guy Brett, e uma vez mais em razão de ter sido ele um dos principais artífices da inserção dos artistas neoconcretos no sistema de arte internacional, do qual são hoje, como mencionei de saída, destacados protagonistas. Nas palavras de Brett,

> [...] a renovação por Lygia [Clark] do conceito "canibalesco" atuou de maneiras extremamente importantes e sutis para distinguir o seu trabalho do trabalho de muitos dos seus contemporâneos nas artes visuais na Europa e na América do Norte, com que ela tinha alguns pontos em comum em termos formais. A sua proposta da "incorporação" do objeto pelo espectador deu-lhe uma posição conceitual radicalmente diferente, tanto da escultura *avant-garde* que emergiu nos anos 1960, como da *body art* posterior, apesar de que Lygia pode ser considerada como uma inovadora em termos puramente escultóricos, tal como pode ser considerada como uma pioneira do "retorno ao corpo", muitas vezes descrito como uma das características mais marcadas da arte recente. Por exemplo, a obra de borracha de Lygia Clark, *Obra mole*, antecipou em vários anos algumas obras como as esculturas de feltro mole de Robert Morris e a *Rosa Esman's Piece*, em borracha, de Richard Serra (um fato desconhecido pela história da arte europeia e americana). As suas *Máscaras abismo* têm paralelos a um nível formal com os pesos pendurados em redes de Eva Hesse, como a escultura *Sem título*, de

> 1966, mas as diferenças são óbvias. As peças de Morris, de Serra e de Hesse são objetos para a vista. As de Lygia Clark não têm existência nem significado sem o suporte e a manipulação do ser humano.[17]

Não obstante, as ambiguidades da leitura de Brett (que ora vê a obra da artista brasileira como diferença, ora como semelhança *vis-à-vis* das artes contemporâneas europeia e norte-americana), chama a atenção o aspecto de pioneirismo, inovação e sobretudo antecipação que o crítico atribui à obra de Lygia Clark com relação às obras de alguns expoentes da arte contemporânea estadunidense, em particular do chamado pós-minimalismo. E se Brett não insiste muito na tese da antecipação pura e simples, isso se deve ao fato de que, a seu juízo, a obra de Clark é... muito mais *contemporânea* que a obra de seus pares norte-americanos, com seus objetos supostamente destinados à mera contemplação. Afinal, alega Brett, diferentemente dos "objetos para a vista" pós-minimalistas, a obra da artista brasileira não tinha "existência nem significado sem o suporte e a manipulação do ser humano".

Já posso falar de *Symbebekos.*

*

Como manifestação artística, *Symbebekos* claramente se enquadra no gênero "performance" – gênero que, na esteira da agenda autopurgadora minimalista (trato deste tema no Capítulo 3), notabilizou-se, a partir do final dos anos 1960, início dos 1970, como uma das práticas mais representativas da estética contemporânea. Mais especificamente, *Symbebekos* se enquadra naquela que talvez possa ser considerada a modalidade mais radical da arte da performance – a chamada performance de tarefa, na qual a performer se vê voluntariamente constrangida a proceder conforme um roteiro por ela mesma previamente estabelecido. *Symbebekos*, de toda evidência, é uma manifestação artística inequivocamente "contemporânea".

No caso de *Symbebekos*, entretanto, e diferentemente das recorrentemente enfadonhas performances de um Bruce Nauman (tenha-se em mente, por exemplo, *Walking in an Exaggerated Manner around the Perimeter of a Square*, de 1967-68), a tarefa a ser desempenhada pela performer se apresenta, logo de saída, particularmente árdua e arriscada: trata-se de percorrer cuidadosamente um caminho recoberto por centenas, milhares de cacos de vidro.[18] O fato de Juliana Notari ter sido escalada para fechar, às sete e meia da noite, a programação de um evento iniciado às duas da tarde daquele dia, apenas aumentava a expectativa e a apreensão do público presente ao MAM, o qual, entre uma e outra performance, deparava-se constantemente com aquele tapete de cacos de vidro guarnecido por um cordão de isolamento.

A performance começou mais ou menos no horário previsto, e ao cabo de cerca de vinte minutos, Juliana Notari havia executado sua tarefa a contento: com muita habilidade, foi capaz de percorrer, sob o olhar atento e silencioso da audiência, o caminho de cacos de vidro por ela mesma montado, deixando atrás de si uma sutil mas nem por isso imperceptível trilha de sangue, fruto dos cortes que, não obstante sua destreza, não foi capaz de evitar.

*

Mas essa é apenas a dimensão – ou a narrativa da dimensão – mais obviamente "contemporânea" de *Symbebekos*. Pois uma série de particularidades da ação de Notari sugere que, se a artista tinha um pé fincado no espaço contemporâneo, o outro caminhava sobre – e também sob – um espaço moderníssimo. A submissão tanto à espacialidade quanto à temporalidade do Museu de Arte Moderna do Rio de Janeiro é a manifestação mais evidente disso.

De fato, de todas as disposições possíveis, Juliana Notari situou seu caminhar sobre cacos de vidro não apenas no vão central do edifício projetado nos anos 1950 pelo arquiteto modernista Affonso E. Reidy, mas precisamente ao longo de seu eixo longitudinal. Ao fazê-lo, ainda que de modo inusitado, inequivocamente reiterou a lógica espacial que ele instaura, definida, de acordo com o projeto de Reidy, por um encadeamento linear de pórticos monumentais de concreto armado que se expandem e se proliferam em marcha ritmada ao longo desse mesmo eixo.

Do mesmo modo, tampouco me parece fortuito o fato de que, assim como a trilha de cacos de vidro se assentava sobre esse eixo longitudinal, o caminhar de Notari tenha se desenvolvido no sentido temporal/histórico da construção física do museu, ou seja, a partir do Bloco Escola, concluído em 1958, em direção ao acesso do Bloco de Exposições, inaugurado quase uma década depois. (Uma vez mais, a comparação com *Walking in an Exaggerated Manner around the Perimeter of a Square* de Bruce Nauman é instrutiva: o caráter autorrecorrente e redundante torna problemática a ideia de término ou desfecho da ação.)

No limite, portanto, e não obstante sua inegável performatividade contemporânea, *Symbebekos* tanto reitera e emula, quanto se ampara e abriga na espacialidade moderna do edifício de Reidy e na sua indisfarçável adesão ao projeto desenvolvimentista brasileiro – do qual, talvez mais do que nenhum outro arquiteto de sua geração, Reidy é o grande expoente, e o MAM, uma de suas mais notáveis realizações institucionais.

Não surpreende nesse sentido que *Symbebekos* faça pensar em Max Bill – não tanto no ferrenho crítico da arquitetura moderna brasileira em geral e de Niemeyer em particular,[19] mas no Bill admirador de Affonso Eduardo Reidy, autor do (aos olhos do artista suíço) admirável Conjunto Residencial do Pedregulho. Em entrevista publicada em *Boletim do MAM* de 1953, Bill justificou sua admiração pelo arquiteto brasileiro:

> Do ponto de vista urbanístico a arquitetura brasileira é catastrófica. E isto não pode ser remediado com nenhuma obra de arquitetura moderna, por mais alta qualidade que tenha, se não foi estabelecida sobre um plano social. Mas vi o Conjunto Residencial do Pedregulho e tenho uma pequena esperança. Ele é uma das realizações mais humanas e mais avançadas que já tive a oportunidade de ver até o presente. Podem se orgulhar desta realização, aqui, no Rio, e devo felicitar uma comunidade que tem funcionários lutando pelo futuro e pelo presente. Pedregulho é um triunfo urbanístico, arquitetural e social.[20]

*

A entrevista de Bill foi publicada alguns anos antes da inauguração do MAM. Não sei se Bill chegou a visitar o museu carioca após a conclusão da obra. Fico imaginando em todo caso o que ele pensaria ao ver apresentadas ali, nos áureos, e hoje míticos, tempos do neoconcretismo, algumas das nossas mais expressivas e sensuais manifestações neoconcretas e pós-neoconcretas – dos *Parangolés* de Hélio Oiticica aos *Sacos de carne* de Artur Barrio.

Não é improvável contudo que reagisse com indiferença, talvez já resignado ante a evidência de que uma alternativa construtiva brasileira (da qual, mais até do que Max Bense e Sigfried Giedion,[21] fora ele o mais fervoroso devoto) estava, ela também, condenada ao fracasso – massacrada pelo barbarismo formal de Oscar Niemeyer e sua tropical, sensual e incorrigível irracionalidade. (Oportuno lembrar que, segundo Niemeyer, "a Bauhaus era uma merda".)

Não imagino, contudo, que Bill ficasse indiferente a *Symbebekos* e sua inequívoca submissão não apenas à espacialidade do edifício de Reidy, mas também ao recalcitrante *ethos* construtivo brasileiro. Talvez julgasse mesmo que ali, diante de seus olhos, estava, por improvável, a expressão do que havia sobrado, cacos de vidro e rastros de sangue incluídos, do projeto construtivo que, da Bauhaus a Ulm, projetara o espaço da vida moderna – o projeto que dera Pampulha e Brasília, Pedregulho e *Symbebekos*; o projeto que, quer queira, quer não, e não obstante todo o argumento fenomenológico, está nos rigorosos *Bichos* de Lygia Clark (cujo "estilo", aos olhos de Donald Judd, pareceu um "um construtivismo habilidoso ordinário");[22] na subarquitetura subneoplástica e, é preciso dizê-lo, canhestra de Hélio Oiticica (quem esteve em Inhotim e penetrou o *Magic Square #5* há de saber do que estou falando); no construtivismo lírico, cenográfico e um tanto fácil da *Teteia* de Lygia Pape.

Estou diminuindo a obra dos pais e mães fundadores da arte contemporânea brasileira? Não necessariamente. Apenas chamando a atenção para o fato de que, quer queira, quer não, a ideologia construtiva brasileira está plasmada em seu sangue. Mais: que colocada a serviço de um processo de construção de ícones,[23] essas obras não estão sendo objeto, por regra, de uma abordagem propriamente crítica, vale dizer, de análises que, reconhecendo sua inegável potência, não descuidam de seus limites, contradições e aporias. Não tenho em mente propriamente o fato de que, tratadas como um bloco mais ou menos coeso e homogêneo, pouco se fala da parcela menos potente dessa produção; penso, ao contrário, nas questões, limites e problemas levantados pelas obras *mais potentes* produzidas por esses artistas, por exemplo, os objetos relacionais de Lygia Clark.

Vou dar um exemplo: embora se discuta muito se a última produção de Lygia Clark é arte ou psicoterapia (uma discussão um tanto sem sentido, aliás), pouca atenção tem sido dada ao fato de que a conversão, supostamente operada pela artista, de um "sujeito passivo da contemplação" em um "sujeito ativo da participação"[24] algumas vezes (mas nem sempre) manteve a artista deliberadamente na posição, física inclusive, de condutora ou operadora *ativa* (em oposição ao comportamento passivo de seus experimentandos) das experiências sensoriais propostas.

Esse aspecto ganha destaque e relevância quando se tem em mente, uma vez mais, algumas das mais paradigmáticas performances sessentistas e setentistas, nas quais a performer se coloca deliberadamente numa posição diametralmente inversa, ou seja, na posição de objeto por assim dizer *passivo*, à mercê das ações promovidas pela audiência (tenha-se em mente, desde logo, a performance *Cut Piece*, de Yoko Ono, na qual, um após o outro, munidos de uma tesoura, membros da audiência vão cortando a roupa da artista, que permanece imóvel ao longo de toda a ação).[25]

Outro tema que, a meu juízo, carece de discussão diz respeito à herança desses artistas. Não tenho em mente propriamente o fato de essa produção ter eventualmente permanecido sob o rígido controle de seus herdeiros legais – com as consequências nefastas que muitos de nós conhecemos.[26] Penso, antes, no fato de essa produção se prestar perfeitamente a isso, ou seja, de ela não apenas comportar mas sobretudo ensejar o tipo de uso sociocultural que dela tem sido feito. Dito de outro modo, chama a atenção a facilidade com que essas obras se encaixam no espaço e na lógica sociocultural de galerias, coleções particulares, feiras de arte e museus de arte moderna e contemporânea – sobretudo os mais consagrados, a começar pelo MoMA de Nova York e seu avatar brasileiro, o MAM carioca. Dizer que esse fenômeno não tem vínculo com os projetos concretista e neoconcretista me parece ingênuo; de minha parte, suponho que há algo nessas obras que as coloca, muitas vezes, numa posição sociocultural conservadora – ou seja, uma posição que, não raro, enseja um uso sociocultural seu eminentemente conservador.

O que se conserva, no caso, me parece claro: uma ideia e, antes dela, um desejo de Modernidade sem os quais, como se vê, o chão nos foge.

E é justamente por isso, por seu incontido e comovente apego ao espaço físico e institucional do MAM, de par com sua indisfarçável performatividade contemporânea, que *Symbebekos* se mostra tão notável e sensivelmente capaz de falar das nossas experiências moderna e contemporânea. Pois nessa performance é possível perceber tanto o relato de um doloroso percurso histórico – o percurso que, aos trancos e barrancos, bem ou mal nos conduziu do modernismo ao moderno e do moderno ao contemporâneo –, quanto a formalização dos nossos dilemas mais atuais, desde logo, a dificuldade de deixar para trás uma Modernidade que, de algum modo, tanto nos aproxima quanto nos afasta do "contemporâneo".[27] Mais que um híbrido, *Symbebekos* sugere uma sintomática contradição em termos: de um lado, o compromisso com a desconstrução da subjetividade moderna; de outro, o desrecalque do *pathos* construtivo brasileiro, subsumido no mote neoconcreto segundo o qual qualquer destruição estética, no Brasil, só se justificaria se acompanhada de construção.

*

Assim ela vai, ela corre, ela procura. O que ela procura?[28] Pés descalços, vestida de preto, percorrendo um caminho belo e ordenado – quase asséptico – caminhando em linha reta, ao longo de um vão não tão livre quanto imaginara, sob o peso da imensa laje abobadada e ecoando a progressão ritmada dos pórticos de concreto armado, silenciosa e concentrada, mãos dadas a uma legião de antepassados, diante do olhar atento e solidário da vanguarda artística local, nenhum sinal de dor ou cansaço, deixando atrás de si um rastro de sangue, ela tenta a todo custo – *helás*! – superar a Modernidade.

Notas

1 GULLAR, Ferreira et al. *Manifesto*. Rio de Janeiro: Museu de Arte Moderna do Rio de Janeiro, março de 1959.

2 Ver MORAES, E. J. *Limites do moderno: o pensamento estético de Mario de Andrade*. Rio de Janeiro: Relume Dumará, 1999.

3 ZILIO, C. *A querela do Brasil. A questão da identidade da arte brasileira: a obra de Tarsila, Di Cavalcanti e Portinari / 1922-1945*. Rio de Janeiro: Funarte, 1982, p. 113.

4 Ibidem, p. 114.

5 Ibidem, p. 116.

6 BRITO, Ronaldo. "A Semana de 22. O trauma do moderno" in TOLIPAN, S. et al. *Sete ensaios sobre o modernismo*. Rio de Janeiro: Funarte, 1983.

7 Ibidem.

8 DUARTE, P. S. *Anos 60. Transformações da arte no Brasil. Rio de Janeiro*. [S/i]: Campos Gerais, 1998, p. 19.

9 BRITO, R. *Neoconcretismo. Vértice e ruptura do projeto construtivo brasileiro*. São Paulo: Cosac Naify, 1999 [1975], p. 36-37.

10 BRETT, G. "Lygia Clark: seis células" in *Lygia Clark*. Catálogo de exposição ocorrida em Barcelona, Marseille, Porto, Bruxelas e Rio de Janeiro, entre 21 de outubro de 1997 e 28 de fevereiro de 1999, p. 22-23.

11 BRITO, Ronaldo. *Neoconcretismo. Vértice e ruptura do projeto construtivo brasileiro*. Op. cit.

12 GULLAR, Ferreira. Op. cit.

13 Ver VATTIMO, G. *The end of modernity*. Cambridge: Polity Press, 1988. Estou, portanto, deliberadamente desconsiderando a conotação que Mario Pedrosa dá à noção de arte "pós-moderna". Cf. PEDROSA, Mario. "Crise do condicionamento artístico" [1966] in _____. *Mundo, homem, arte em crise*. São Paulo: Perspectiva, 2007, p. 92.

14 GULLAR, Ferreira. Op. cit. Uma versão mais enfática e, digamos, festiva do avanço neoconcreto foi apresentada por Mario Pedrosa em 1967: "E, sobretudo, quem pode negar, hoje, a impressionante contemporaneidade do movimento neoconcreto do Rio para as mais audaciosas

experiências plásticas da ultimíssima 'vanguarda'? Registremos o fenômeno auspicioso e passemos adiante". PEDROSA, M. "Um passeio pelas Caixas do passado" [1967] in _____. *Mundo, homem, arte em crise*. São Paulo: Perspectiva, 2007, p. 154.

15 BRITO, Ronaldo. *Neoconcretismo: vértice e ruptura do projeto construtivo brasileiro*. São Paulo: Cosac Naify, 1999 [1975], p. 77 e 83, respectivamente.

16 Ibidem, p. 47.

17 BRETT, Guy. Op. cit., p. 24.

18 Um precedente importante da performance de Notari é, cabe lembrar, *Through the night softly* (1973), de Chris Burden.

19 Ver BILL, Max. "Max Bill critica a nossa moderna arquitetura" [Entrevista]. *Manchete*, Rio de Janeiro, jun. 1953. Reproduzido em BANDEIRA, J. (org.). *Arte concreta paulista: documentos*. São Paulo: Cosac Naify, 2002, p. 32-33.

20 Idem. "Visita ao Brasil do famoso escultor modernista". *Boletim do MAM*, Rio de Janeiro, n. 9 (jul., 1953) apud BANDEIRA, J. (org.) *Arte concreta paulista: documentos*. São Paulo: Cosac Naify, 2002, p. 30.

21 Ver BENSE, Max. *Brasilianische Intelligenz. Eine cartesianische Reflexion. Wiesbaden*: *Limes* Verlag, 1965; GIEDION. S. *A decade of new architecture*. Zurich: Editions Girsberger, 1951.

22 JUDD, Donald. "In the galleries". *Arts Magazine*, v. 37, n. 7 (Apr., 1963).

23 MOURA, Flávio. "Como nascem os ícones". *Folha de S.Paulo*, 4 de março de 2012.

24 DUARTE, Paulo Sérgio. Op. cit., p. 60.

25 Outro exemplo é a famosa performance de 1975 em que Chris Burden coloca sua própria sobrevivência nas mãos da audiência.

26 Ver *Manifesto em defesa da exibição pública das obras de arte brasileiras*. Disponível em: www2.cultura.gov.br/site/wp-content/uploads/2009/08/manifesto.pdf. Acesso em 3 nov. 2013.

27 Sobre a noção de contemporâneo, ver Capítulo 5.

28 Estou parafraseando Baudelaire: "Ainsi il va, il court, il cherche. Que cherche-t-il?". BAUDELAIRE, C. "Le peintre de la vie moderne" in _____. *Écrits sur l'art*. Paris: Le livre de Poche, 1992, p. 381. Originalmente publicado em *Le Figaro*. Paris, 26 e 29 de novembro, e 3 de dezembro, 1863.

2. Eduardo Coimbra: arquitetura, escultura, desastre

Há uma tentativa de diminuir as distinções entre arquitetura e escultura à medida que os arquitetos sobrepõem às suas construções a determinação não funcional da escultura. O inverso não é a questão da minha escultura.

Richard Serra[1]

Fatos arquitetônicos é o movimento mais recente da obra de Eduardo Coimbra. É o mais difícil também.

Que a arquitetura, em suas diversas dimensões e instâncias, foi sempre um tema central da pesquisa de Coimbra, é evidente. Faz de fato bastante tempo que o artista investiga, e sobretudo afronta, algumas das noções e categorias mais elementares do discurso arquitetônico. A noção de "paisagem" (não exclusiva, mas central à arquitetura), abordada à exaustão pela obra de Coimbra, é talvez a ocorrência mais óbvia no quadro de uma prática que, não raro, opera no limite entre arquitetura e tudo aquilo que o discurso da arquitetura, por costume ou precaução, não se dispõe a incorporar.

O rendimento dessas incursões pelo território discursivo da arquitetura foi sempre muito alto. Delas resultaram algumas das coisas mais instigantes já produzidas pelo artista. Seus *horizontes* e *paisagens*, por exemplo, são bem mais do que coisas estranhas e desconcertantes. São coisas que nos fazem estranhar o modo convencional e, por regra, irrefletido como lidamos com as representações mais familiares do espaço "real" – natural ou construído. Dito de outro modo, o que essas coisas fazem é colocar em questão as noções vigentes de espaço – noções sem as quais o mundo "real" deixa de parecer familiar e acolhedor, e se transforma em inóspito e impraticável.

A série *Estádios* demonstra, de resto, que as incursões de Coimbra pelo território da arquitetura não se limitaram à desconstrução de noções e categorias elementares do discurso da arquitetura; incluíram também a desestabilização de um dos dispositivos mais caros à projetação arquitetônica: a maquete. Neste caso, também, a operação de Coimbra se revelou altamente produtiva. Pois quem vê aquelas inusitadas maquetes não divisa apenas a possibilidade de práticas esportivas insólitas; dá-se conta do caráter essencialmente problemático de um dos dispositivos mais consagrados da práxis arquitetônica, fundado no princípio da correspondência mais ou menos lógica e natural entre uma representação em escala reduzida do real (a maquete) e o real ele mesmo (o edifício).

Ao quebrar, por força do estranhamento, essa conexão mais ou menos imediata entre real e representação do real, Coimbra não põe em xeque apenas a operacionalidade de um dispositivo tradicional de representação do real; expõe o grau de dependência entre uma ideia de real e os dispositivos (desenhos, gráficos, diagramas etc.) vigentes de representação do real, por regra naturalizados.

Para além disso, abre-se a possibilidade de perceber, não raro de modo vertiginoso (a vertigem é, afinal, um dos traços característicos da poética do artista), o grau de interdependência entre aquilo que costumamos chamar de "experiência" do real e modelos preconcebidos de espaço – no caso, um modelo que, entre outras coisas, pressupõe uma distinção categórica e hierárquica entre, de um lado, representações (gráficas, volumétricas, mas também mentais) do edifício e, de outro, a experiência fenomenológica do edifício ele mesmo. Significativamente, os *Estádios* de Eduardo Coimbra ensejam um tipo de relação com a maquete que extrapola aquela subjacente ao discurso das representações arquitetônicas, segundo o qual a experiência propriamente dita do espaço arquitetônico deve ficar sempre restrita ao âmbito do edifício ele mesmo, e não às suas representações gráficas, volumétricas etc. O que todas essas operações acusam, fica claro, é isto: o regime de representação icônico (baseado no princípio da semelhança autoevidente entre signo e referente) não é menos arbitrário e em certo sentido metafísico do que o regime simbólico (aquele que lança mão de signos codificados).

Cabe destacar ainda outro aspecto essencial de todas as operações arquitetônicas de Coimbra – a saber, o fato de que tudo ou quase tudo que ali é representado sempre se quis explicitamente absurdo: céu embutido no pórtico de concreto (*Welcome to Rio*, 2001), céu embaixo de chão (*Passos silenciosos*, 1994), chão que flutua sobre o céu (*Paisagem*, 2000). O que significa dizer que, na prática, a eficácia semiótica (mas também o rendimento estético) de todas essas operações sempre se beneficiou do fato de que todos nós sabemos, e desde sempre, que o céu "real" não se localiza sob nossos pés, senão sobre nossas cabeças – e assim por diante. Da parte de quem vê as obras, portanto, nunca houve muita margem para hesitação ou dilema: diante daquelas coisas-imagens, a adesão ou era imediata ou simplesmente não era. Não há obviamente nada de censurável em tirar partido da lógica do contrassenso. Mas é certo que isso sempre se constituiu numa facilidade, à qual somava-se o caráter desavergonhadamente sedutor das coisas produzidas por Coimbra.

Mais recentemente, contudo, Eduardo Coimbra parece ter feito uma opção por explorar o território discursivo da arquitetura em termos bastante mais complexos – e, como disse de saída, mais difíceis. Pois, até onde percebo, Coimbra parece decidido a explorar aquilo que o arquiteto e teórico norte-americano Peter Eisenman perceptivamente denominou a metafísica da presença arquitetônica. O que a define? Segundo Eisenman, o fato de que, em contraste com outros regimes de representação (o pictórico, por exemplo), a arquitetura vem sempre acompanhada de uma insuperável "promessa de realidade".[2] A metafísica da presença advém do fato de que, diante de um edifício, não supomos jamais estar diante de uma representação do real construído, senão em contato com o real construído ele mesmo. Noutras palavras, na presença da arquitetura, não supomos jamais estar diante de um conjunto de signos, senão das coisas elas mesmas – a começar por seus componentes mais elementares: piso, parede, teto, coluna, janela etc.

E no entanto, afirma Eisenman, é justamente essa pressuposição aquilo que impede que nos relacionemos com a arquitetura de modo imediato (vale dizer, de modo não mediado por um sistema de signos). Pois, segundo ele, na prática simplesmente não somos capazes de dissociar a "condição substantiva"[3] dos elementos arquitetônicos (sua mera coisidade) de sua condição icônica, isto é, o fato de que tais elementos representam a função que desempenham no contexto linguístico específico da arquitetura.

Eisenman tem razão. Dado que, desde sempre, o que se entende por arquitetura se vincula a uma condição muito particular de construção e abrigo (o que sempre garantiu que ela não se confundisse com todas aquelas coisas que, sendo construção, e eventualmente abrigo, jamais se qualificaram como arquitetura *stricto sensu* – por exemplo, obeliscos, arcos triunfais, terraplenos, mas também esculturas, as do chamado "campo ampliado"[4] sobretudo), na prática não somos capazes de dissociar, por exemplo, o componente coluna do conceito de coluna – ou seja, do fato de que, por definição, uma coluna atua para manter o edifício de pé. Assim é que toda vez que me encontro diante *daquela* coluna específica, da coluna que jaz ali diante dos meus olhos e ao alcance de minhas mãos, não sou capaz de percebê-la em sua mera coisidade; pelo contrário, tendo sempre, atavicamente, a referi-la à sua função estrutural-arquitetônica – à sua "colunidade".[5] O mesmo vale para os elementos que, no contexto específico da arquitetura, desempenham as funções de piso, parede e teto: ao caminhar sobre as coisas que, no edifício, se encontram sob meus pés, caminho sempre sobre "pisos", "rampas", "escadas" – como se sabe, componentes essenciais dos edifícios. O que vale para os componentes básicos do edifício se estende ao edifício como um todo: do momento em que adentro o território (físico e linguístico) da arquitetura, deixo de ver seus componentes como meras coisas construídas, senão, sempre, como *fatos arquitetônicos*. Com isso, inadvertida e inelutavelmente, deixo para trás o mundo físico e adentro um universo metafísico da presença arquitetônica.

*

A primeira incursão de Eduardo Coimbra pelo campo da metafísica da presença arquitetônica se deu quando, em setembro de 2013, colocou de pé, na praça Tiradentes, Centro do Rio de Janeiro, duas esculturas de feição eminentemente arquitetônica. Não me refiro apenas ao fato de que se assemelhavam às formas prismáticas da arquitetura funcionalista; ou que suas medidas correspondiam às de uma pequena edificação. Penso sobretudo em como suas unidades ou células espaciais (definidas por cubos metálicos parcialmente vazados) emulavam espaços tipicamente arquitetônicos; como seus elementos construtivos básicos também se equiparavam aos componentes mais elementares da arquitetura: piso, parede e teto; como tudo aquilo parecia ter sido projetado e construído de modo a abrigar todas aquelas pessoas que, a qualquer hora do dia e da noite, sentissem vontade, ou mesmo necessidade, de adentrar aqueles espaços e ali deitar, descansar, dormir, se abrigar. Numa palavra, penso como aquelas duas esculturas se apresentavam deliberadamente como típicos fatos arquitetônicos. Que essas duas obras tenham dado lugar, ao longo de dois meses, a "ações tão díspares quanto transformar-se num cômodo ou servir como anteparo para brincadeiras" (como destacou Felipe Scovino)[6], eis algo que não surpreende: tudo nelas parecia mesmo falar ao sujeito da arquitetura, o sujeito que não apenas busca abrigo na arquitetura mas que reconhece na arquitetura a representação arquetípica das noções complementares de abrigo e moradia.

O que os *Fatos arquitetônicos* expostos recentemente na Galeria Nara Roesler (assim como *Uma escultura na sala*, construída na Casa de Cultura Laura Alvim)[7] deixam claro, no entanto, é que se Eduardo Coimbra optou por emular a arquitetura, ele fez isso com propósitos (convencionalmente falando) bem pouco arquitetônicos. Pois o que esses trabalhos fazem não é outra coisa senão desconstruir aquilo que aparentemente constroem: a arquitetura, a presença da arquitetura. Como fazem isso? Neutralizando um dos elementos mais essenciais do discurso arquitetônico – a noção de "escala humana", vale dizer, a ideia de que, por definição, todas as medidas de um edifício, e de todo e qualquer componente arquitetônico, devem sempre se referir ao corpo humano. É preciso destacar desde logo que tal noção não se restringe ao ideal de continuidade entre corpo humano e edifício; compreende também e sobretudo a ideia de que a arquitetura pode e deve operar como mediador por excelência entre corpo humano e paisagem. Dito de outro modo, o que a noção de escala humana pressupõe é a ideia de que, por meio da arquitetura, a paisagem – qualquer paisagem, por mais inóspita que ela seja – pode, ela também, se tornar abrigo e moradia. Subjacente à noção de escala humana está, portanto, um desejo de integração e continuidade entre três instâncias básicas do real: meu corpo, este ou aquele edifício, e esta paisagem (natural e sobretudo urbana). Noutras palavras, subjacente à noção de escala humana está o desejo ancestral de transformar toda e qualquer noção de paisagem (*landscape*, *townscape*, *urbanscape*) em *humanscape*.

É esse princípio antropomórfico básico do discurso da arquitetura aquilo que os *Fatos arquitetônicos* de Eduardo Coimbra atacam. Pois o fato de emularem a linguagem da arquitetura não significa que se destinem, exclusiva ou mesmo prioritariamente, ao sujeito da arquitetura – quer dizer, o sujeito que vê na arquitetura um dispositivo essencial para a integração de seu corpo ao espaço real à sua volta, em suas múltiplas dimensões e instâncias.

Que os *Fatos arquitetônicos* de Eduardo Coimbra se dirigem a uma outra subjetividade e a um outro corpo é algo que fica claro quando se observa o modo como o artista os vem manipulando desde fins de 2013. Na praça Tiradentes, eles apresentavam uma configuração tipicamente arquitetônica. Transportados para o espaço da galeria e do centro cultural, contudo, eles ganharam configurações, posições e dimensões totalmente novas; desenvolveram novas relações com o piso existente, com as paredes a seu redor, com o teto que os encobre; foram comprimidos, achatados, distorcidos, adulterados. E, até onde percebo, tudo isso ocorreu ao arrepio da noção de escala humana.

E é essa distorção radical, essa adulteração dos componentes (supostamente arquitetônicos) que constituíam as esculturas da praça Tiradentes aquilo que impede que, na prática, as novas configurações sejam percebidas, prioritária ou exclusivamente, como representações em escala reduzida da intervenção original. Ao contrário, o que sobrevém é a sensação de uma suspensão da lógica que comanda o sistema de representações arquitetônicas, baseado na noção de escala humana. Significativamente, assim como no caso de *Horizontes para Vera* (nos termos do discurso arquitetônico, uma construção em escala 1:1 de algo previamente representado em escala reduzida), aqui também entra em colapso o princípio segundo o qual a experiência arquitetônica "real" deve ficar sempre reservada ao âmbito do edifício ele mesmo, e não ao da maquete; que a condição necessária e suficiente para uma experiência autêntica do espaço real é, portanto, a presença do corpo – mais especificamente, de um corpo humano naturalmente sensível às coisas que emulam sua escala – todas aquelas coisas que, como queria Vasari, foram construídas à sua imagem e semelhança, e que, por força da presença da arquitetura, se transformam em abrigo e moradia.

O que os *Fatos arquitetônicos* de Eduardo Coimbra demonstram, nesse sentido, é a produtividade (nem clássica/idealista nem moderna/mundana) de regimes estéticos nos quais a experiência da obra não pressupõe a presença do corpo sensível e demasiadamente humano de seus fruidores (como é o caso, por exemplo, das elipses e trabalhos de terra de Richard Serra, mas também dos aconchegantes e sinestésicos penetráveis e ninhos de Hélio Oiticica), senão de um corpo dessensibilizado e desnaturalizado – o corpo que vertiginosamente percebe que é, ele também, representação, simulacro, ficção.

Mais do que o espaço "real", o que as operações arquitetônicas de Eduardo Coimbra pretendem afrontar, adulterar e sobretudo desumanizar é, em última instância, o corpo "real". Pois se esses *Fatos arquitetônicos* são, como creio, simulacros de arquitetura, então os corpos que eles convocam só podem ser, eles também, simulacros de corpos reais – corpos aptos a (in)habitar algo que não é nem edifício, nem escultura, nem maquete, e nem sobretudo *humanscape*; algo que, como queria Eisenman, "a sabedoria popular chamaria de desastre".[8]

A extensão da divergência com Eisenman (mas também com a extensa e duradoura linhagem neoconcreta da arte brasileira, de extração eminentemente fenomenológica) fica clara. Pois se Coimbra quer desconstruir a metafísica da presença arquitetônica não é jamais para substituí-la por uma presença arquitetônica mais original e autêntica. Muito ao contrário, se ele desconstrói a presença metafísica dos fatos arquitetônicos é apenas para reconstruir outras ficções arquitetônicas. Um verdadeiro desastre.

Notas

1 SERRA, R. "Interview" [Mar. 14, 1975] in SERRA, R. *Writings Interviews*. Chicago: The University of Chicago, 1994, p. 33. Tradução minha.

2 EISENMAN, P. "A arquitetura e o problema da figura retórica" [1987] in NESBITT, K. (org.) *Uma nova agenda para a arquitetura*. São Paulo: Cosac Naify, 2013, p. 193.

3 EISENMAN, P. "Peter Eisenman" [Entrevista] in ZAERA-POLO, A. *Arquitetura em diálogo*. São Paulo: Cosac Naify, 2015, p. 303.

4 KRAUSS, R. "Sculpture in the Expanded Field", *October*, v. 8 (Spring, 1979), p. 30-44.

5 EISENMAN, P. "Peter Eisenman" [Entrevista], p. 303.

6 SCOVINO, F. "A escultura como abrigo" in COIMBRA, E. *2 esculturas*. Rio de Janeiro: Prefeitura da Cidade do Rio de Janeiro, 2013, p. 20-28.

7 COIMBRA, E. *Fatos arquitetônicos*. Galeria Nara Roesler, Rio de Janeiro, de 7/5 a 6/6 de 2015; *Uma escultura na sala*. Casa de Cultura Laura Alvim, de 30/4 a 28/6 de 2015.

8 EISENMAN, P. "Peter Eisenman" [Entrevista], p. 281.

3. Mundos de ação. Arte e arquitetura depois da política

Depois: não que seja preciso esperar pelo fim improvável de uma desconstrução para assumir as responsabilidades!

Jacques Derrida[1]

1.

O que tradicionalmente chamamos de projeto de arquitetura é também um modo de ação. Ele se caracteriza pelo emprego de um conjunto razoavelmente limitado de dispositivos – vale dizer, um repertório de conceitos operativos tais como partido, programa, função, tipo, lugar, contexto, estrutura e escala, dentre outros.

O modelo é normativo: projetar só será reconhecido como tal se quem projeta se engajar na manipulação desses dispositivos.

Denomino esses dispositivos metafísicos (e não apenas disciplinares ou convencionais) em razão do vínculo que mantêm com a metafísica da arquitetura, quer dizer, a arquitetura definida como a própria condição (se se quiser, como condição ontológica) do habitar humano do mundo – numa palavra, do "Habitar".[2]

E é por esse motivo que denomino o modo de ação em questão, ele também, metafísico, na medida em que, ali onde ele vigora, o agir (o projetar, em suas múltiplas instâncias) está sempre a serviço do Ser da arquitetura. Dito de outro modo, o que esse modelo estabelece é que, não obstante tudo o que diferencia as inúmeras operações envolvidas no fazer arquitetônico (adotar um partido, definir um programa, organizar a função, atualizar um tipo, delimitar um lugar, intervir em um contexto, lançar a estrutura, respeitar a escala etc.), sua função primordial será sempre reiterar e preservar o Ser da arquitetura.

2.

Tal modelo nunca se restringiu ao fazer arquitetônico; ele alcançou um grau inaudito de normatividade durante a vigência do que o crítico de arte Clement Greenberg denominou a "pintura modernista".[3]

De acordo com Greenberg, o que distinguia a pintura modernista de outras modalidades de pintura era um compromisso imperioso com o Ser da pintura – personificado, segundo ele, na noção de planaridade. Para Greenberg, pintura modernista era aquela que, a partir de pintores como Édouard Manet e Gustave Courbet, definiu que o Ser da pintura – em contraste por exemplo com o Ser da escultura – residia e se atualizava no arranjo planar dos elementos pictóricos. Coerentemente, todas as operações envolvidas no fazer da pintura modernista tinham como obrigação dar conta (sempre de modo original, conforme o *ethos* progressista da vanguarda) da questão da planaridade. A planaridade não era outra coisa, nesse sentido, senão o dispositivo metafísico por excelência da pintura modernista, por meio do qual o Ser da pintura era reiterado, atualizado e preservado. O que pintores verdadeiramente modernistas faziam toda vez que se defrontavam com uma tela em branco não se restringia, portanto, a manipular pincéis embebidos em tinta; acima de tudo, eles manipulavam o dispositivo metafísico básico da pintura modernista – a planaridade.

3.

Não estou explorando a pluralidade semântica da expressão "manipulação de dispositivos" acidentalmente. O ocaso da pintura modernista (e da arte modernista como um todo) se deu justamente no momento em que, no final dos anos 1950, início dos anos 1960, um grupo de artistas percebeu que a pintura modernista era também um modelo de ação; que a superação desse modelo impunha a instituição de um modo de ação alternativo; que o primeiro passo nesse sentido era neutralizar a força insidiosa dos dispositivos metafísicos inerentes ao modelo vigente; que uma maneira eficaz de fazer isso era manipular algum tipo de contradispositivo, eventualmente apto a neutralizar os dispositivos inerentes ao modelo vigente. Denomino esse contradispositivo "performativo" porque seu advento coincide com o surgimento e difusão, nos anos 1960 e 1970, da chamada arte da performance, uma arte fundada justamente na manipulação de dispositivos performativos.

4.

Quando uso a expressão "manipulação de dispositivos performativos" costumo ter em mente uma ação artística específica – a performance *Manipulating the T-bar*, do artista estadunidense Bruce Nauman. Não é uma associação fortuita. A performance de Nauman se caracteriza pela manipulação de um típico contradispositivo, cuja função básica é neutralizar os dispositivos metafísicos vigentes na arte da dança – "leveza", por exemplo. Não por acaso, *Manipulating the T-bar* se caracteriza por uma espécie de jogo (um jogo bastante comum na performance e na dança dos anos 1960 e 1970, ainda hoje vigente) entre manipular e ser manipulado. De fato, se é verdade que Nauman manipula a *T-bar*, também é verdade que ele é manipulado por ela, no sentido de que os movimentos e as posições assumidos pelo corpo de Nauman ao longo da ação deixam de ser comandados por dispositivos metafísicos e passam a ser motivados pela *T-bar* – por seu formato, dimensões e demais atributos físicos.

O dispositivo performativo não se restringe, bem entendido, a qualquer objeto físico. Mesmo em performances que incluem a manipulação de objetos físicos, o dispositivo performativo se constitui num conjunto mais ou menos extenso de regras ou tarefas – um programa estabelecido pela performer antes de dar início à sua ação.[4] O modo como Nauman manipula a *T-bar* deixa claro, por exemplo, que do programa em questão estão excluídas operações que resultem na deformação, destruição e/ou alienação desse objeto. A correlação entre a perpendicularidade da *T-bar*, a ortogonalidade do ambiente no qual Nauman desempenha sua ação e o enquadramento do vídeo por ele produzido também fazem parte desse programa.

5.

O fato de agir movido por um dispositivo que não estivesse a serviço do Ser da dança, nem de qualquer outro gênero artístico convencional, não significa que Nauman não estivesse interessado em fazer arte. Estava, claramente. O contexto em que suas ações se situam é o *establishment* da arte de vanguarda estadunidense dos anos 1960, no qual Nauman não é exatamente um *outsider*. A questão que se coloca para ele é justamente esta: como desempenhar ações artísticas sem se deixar manipular pelos dispositivos metafísicos da arte – no caso, da arte da dança (nos termos de Nauman, como "estruturar" atividades em princípio não artísticas de modo a que se transformassem em "arte")?

A solução que ele dá para essa questão inclui duas ações distintas e complementares: (i) declarar, amparado em um simples silogismo,[5] que tudo o que viesse a fazer no ateliê seria por definição arte; (ii) manipular um contradispositivo eventualmente capaz de retirar a artisticidade (no caso, a dancidade) de seus movimentos corporais. A complexidade de *Manipulating the T-bar* reside justamente aí, isto é, no fato de mobilizar duas performatividades distintas – para ser mais exato, duas noções distintas de "performativo". Para esclarecer esse ponto, vejamos o que um dos mais importantes filósofos da ação, J. L. Austin, define como performativo.

6.

De acordo com Austin, "enunciado performativo", "declaração performativa", ou simplesmente "performativo" é aquilo que ocorre toda vez que *dizer algo* coincide com *fazer algo*.[6] Para Austin, a noção de performativo supõe, portanto, o uso da linguagem como instrumento para a (eventual) consumação da intenção consciente do agente que pronuncia publicamente e em voz alta determinadas sentenças – um tipo de uso que, segundo Austin, contrasta com a função "constatativa" da linguagem. O conceito austiniano de performativo pressupõe, por isso mesmo, os pares antagônicos de sucesso *vs.* fracasso, ou, nos termos de Austin, felicidade *vs.* infelicidade. Um performativo feliz (em contraste com o performativo infeliz) é aquele que resulta na consumação de um acontecimento previamente concebido (e nesse sentido, projetado) por quem o pronunciou – a saber, o agente que, ao pronunciar, em contextos específicos e indispensáveis (indispensáveis no sentido de que deles depende a eficácia do performativo em questão), frases como "eu te batizo" ou "eu te nomeio", logrou consumar tais acontecimentos.

Um dos eventos mais importantes da arte do século XX se deu por força de um performativo tipicamente austiniano – qual seja, o "isto é arte" dirigido por Marcel Duchamp a um urinol. Não por acaso, o gesto inaugural de Duchamp pode ser sintetizado, como argumentou Thierry de Duve, pela substituição da expressão "isto é belo" (característica do regime estético/kantiano da arte[7]) pela expressão "isto é arte".[8] Repare-se que o dado essencial aqui não é propriamente a substituição do conceito de "belo" pela categoria "arte" (o "ser belo" é, afinal de contas, pré-requisito básico do "ser arte" kantiano); é, antes, o fato de o "isto é belo" kantiano ser um enunciado constatativo, ao passo que o "isto é arte" duchampiano se constituir num típico performativo austiniano – um performativo cuja eficácia depende de um contexto que, como intuiu Duchamp, estava pronto a sancionar o performativo "isto é arte" dirigido a um urinol.

7.

Se o gesto de Duchamp marca o primeiro giro performativo da arte do século XX, é precisamente por isto: com ele, sai de cena o grande protagonista do regime estético/kantiano da arte (a saber, o sujeito dotado da faculdade do juízo, quer dizer, a capacidade inata de perceber e fruir o belo), substituído a partir desse momento pelo personagem central do regime duchampiano – o agente que detém não mais uma faculdade inata, mas um poder inteiramente circunstancial: a capacidade de, em contextos específicos, instituir, por meio de um performativo tipicamente austiniano,[9] que isto ou aquilo ou aquilo outro é "arte".[10]

Se o performativo da arte da performance diverge radicalmente do performativo austiniano/duchampiano é, precisamente, por isto: a ele falta a indispensável presença do agente constituinte moderno, leia-se o agente que, ciente de seu poder constituinte, e tomando o mundo como campo de intervenção e controle, age movido por intenções conscientes e projetivas.

Em lugar desse agente interventor e projetivo, do "sujeito que escolhe, o sujeito constituinte [...] que se apresenta como fonte exclusiva de seus atos constituintes",[11] o performativo da arte da performance supõe a presença de um personagem essencialmente diverso:[12] o agente que, em contraste com o "sujeito como soberano",[13] quer abrir mão do domínio de si e do mundo. O agente que não age mais com o propósito de consumar intenções conscientes, mas que, em vez disso, espera poder conjurar (e não propriamente "consumar" ou "concretizar") acontecimentos que não foi capaz de ou não quis planejar. O agente que, de bom grado, abre mão do poder constituinte que, meio século antes, lhe fora outorgado pelo gesto inaugural de Duchamp.[14]

O papel que o dispositivo performativo desempenha para essa outra performatividade é central; é ele quem coloca o agente em posição de fazer algo que, de outro modo, não lhe é facultado fazer. E faz isso imobilizando o sujeito da ação consciente, intencional e projetiva, impedindo que suas ações sejam comandadas pela intenção consciente de fazer algo[15] (no caso, coisas ou eventos que se enquadrem em alguma definição preestabelecida de arte) e se transformem num fazer intransitivo, sem objeto.

Se, como quer Deleuze, os dispositivos foucaultianos são "máquinas de fazer ver e de fazer falar"[16], os dispositivos performativos são máquinas de fazer fazer. Fazer o quê? Um outro fazer.

8.

O advento e a disseminação, a partir dos anos 1960, desse outro modo de agir têm enormes consequências para a definição de arte. Se, como afirma Jacques Rancière, a política "precisa ser definida em seus próprios termos, como um modo de agir"[17], então o que esse segundo giro performativo da arte do século XX fez foi demonstrar que fazer arte também pode ser definido em seus próprios termos, como um modo de ação.

*

Que a busca por esse modo alternativo de agir, a partir dos anos 1960, foi fruto menos de uma escolha e mais de uma premência, é algo que fica claro na fala dos artistas eles mesmos. Muitos dos textos que publicaram à época deixam claro como o antigo modelo foi se tornando cada vez mais insuportável, como a definição de um modo alternativo de fazer e agir se tornara tudo menos uma opção. Como disse Frank Stella em 1960,

> [...] os problemas pictóricos do que colocar aqui e ali, e como combinar isso com o que já estava lá [na tela], se tornaram cada vez mais difíceis, e as soluções cada vez mais insatisfatórias. Até que finalmente ficou óbvio que tinha de haver um caminho melhor.[18]

Que muitos desses artistas tenham seguido fazendo pinturas e esculturas (e não simplesmente performances) tem pouca e muita relevância. Fazer uma pintura ou uma escultura pode significar coisas muito distintas. O que não muda, em todo caso, é isto: pintar (ou esculpir, ou montar, ou soldar, ou dobrar, ou colar etc.) será sempre um modo de agir. Uma parcela importante da pintura e da escultura – dos objetos específicos, das instalações, dos *earthworks* – que esses artistas fizeram resultou dessa constatação fundamental, e, assim, da questão que ela necessariamente levanta: Como agir?

O primeiro passo para responder a essa pergunta decisiva (a meu juízo, a pergunta definitiva lançada pela arte dos anos 1960) foi estabelecer que, antes de ser um espaço de ações pictóricas, uma tela em branco é um espaço de ação *tout court*. Coerentemente, o passo subsequente foi redefinir o estatuto dos espaços convencionais da arte (o espaço da pintura, o espaço da escultura etc.), foi tratá-los como espaços/mundos de ação. E se, por opção ou oportunismo (como veremos adiante, uma palavra que, a partir desse momento, perde a conotação *a priori* negativa que detinha até então), a ação em questão devesse envolver, ou mesmo restringir-se, ao ato de pintar, então que esse pintar fosse libertado, total ou parcialmente, de tudo aquilo que lhe era imposto pelo Ser da pintura – a começar pelo emprego compulsório dos dispositivos metafísicos herdados da tradição.

O modo como Stella descreveu, em meados dos anos 1960, os impasses com que se deparava cotidianamente no ateliê é eloquente. Em suas palavras, quando confrontado por uma tela em branco, e tendo à mão um pincel embebido em tinta, havia “uma coisa que eu não iria fazer. Eu não iria desenhar com o pincel”.[19] Claramente, o que estava em jogo para ele era, *como agir?* – como, em suas palavras, "retirar a tinta da lata e colocá-la na tela"[20]; como fazer isso sem se deixar guiar pelos dispositivos metafísicos da pintura modernista.

Ainda que, inicialmente, não soubesse como na prática fazer isso, Stella parecia seguro quanto àquilo que *não* deveria fazer: ele não iria "desenhar com o pincel", ou seja, não deveria manipular o pincel de acordo com o que estabelecia o dispositivo metafísico "desenho".[21] Em vez disso, iria se deixar guiar por alguma regra ou tarefa – numa palavra, por um dispositivo performativo que motivasse ações que, por princípio, não se enquadrassem na definição convencional (e metafísica) de "desenhar". E foi exatamente isso que ele e seus colegas minimalistas fizeram: em vez de desenhar (ou "compor", ou "arranjar", ou "relacionar", ou "equilibrar"), eles se deixaram manipular pelo dispositivo performativo por excelência da arte minimalista: colocar "uma coisa depois da outra".[22]

O que uma parcela importante da arte surgida na esteira do minimalismo fez não foi outra coisa senão expandir esse repertório de dispositivos performativos. Dispensando muitas vezes o emprego de objetos físicos, e mantendo-se alheios às convenções de qualquer gênero artístico tradicional, eles se deixaram voluntariamente manipular por palavras de ação tais como acumular, adicionar, repetir, copiar, plagiar e interferir, para citar apenas algumas.

Mas, e quanto à arquitetura?

9.

Afirmar que a questão da ação jamais alcançou, no campo da arquitetura, o protagonismo que teve no domínio das artes visuais não significa dizer que não houve exceções a esse padrão. A obra de Peter Eisenman comprova isso.

Ter acompanhado de perto o que ocorria com as artes visuais estadunidense nos anos 1960 e 1970 teve um forte e duradouro impacto na obra de Eisenman; minimalismo, pós-minimalismo e conceitualismo definiram as condições de partida de sua pesquisa. Seus textos iniciais demonstram isso com clareza. "Notes on Conceptual Architecture: Towards a Definition" (1971), em especial, é uma clara tentativa de responder na e com a arquitetura aos desafios lançados por alguns dos principais artistas, críticos e teóricos da arte do seu tempo – com destaque para Donald Judd, Barbara Rose, Robert Morris, Lucy Lippard, Sol LeWitt, Rosalind Krauss e Joseph Kosuth. Significativamente, um dos problemas centrais para o estabelecimento de uma arquitetura conceitual é, para Eisenman, a questão da ação. O parágrafo final do texto é particularmente eloquente nesse sentido. Nas palavras de Eisenman,

> A tarefa de uma arquitetura conceitual, em oposição à arte conceitual, seria não tanto encontrar esse sistema de signos ou um dispositivo de codificação onde cada forma em um contexto particular tem um significado assentado. Em vez disso, pareceria mais razoável investigar a natureza do que tem sido chamado de universais formais, que são inerentes a qualquer forma e constructo formal. Esses universais podem atuar em casos específicos de modo a fornecer referências que são compreendidas na mente, isto é, conceitualmente, e que assumem significado (em um sentido sintático, e não semântico) em virtude de sua existência, e sua capacidade de ser descritos e diferenciados de outras estruturas semelhantes. Essas estruturas profundas, quando usadas intencionalmente em arquitetura – por exemplo,

> na forma de sequências espaciais – podem conferir aos requisitos funcionais um significado conceitual primário, e além deste um potencial para novos significados – admitidamente, no estado atual de tal investigação, de uma ordem muito baixa sem a presença de um código propriamente dito. Uma tarefa mais difícil seria encontrar uma maneira de dar a essas estruturas conceituais a capacidade de engendrar significados mais precisos e complexos apenas por meio da manipulação da forma e do espaço.[23]

Claramente, a tentativa de definição de uma arquitetura conceitual tem como ponto de partida algumas das questões centrais do debate sobre a arte conceitual – em especial, o problema da significação da forma e a natureza do que Eisenman denomina "universais formais". Igualmente importante, contudo, é o problema do agir e do fazer.

De fato, tão ou mais importante do que estabelecer os fundamentos teóricos de uma arquitetura conceitual (algo que pressupunha, segundo ele, elucidar o modo como os universais formais funcionam no domínio específico da arquitetura), é compreender os limites que esses universais formais adquirem "quando usados intencionalmente". Segundo Eisenman, se parecia evidente que o uso intencional desses universais tinha o potencial de engendrar "novos significados", tarefa mais difícil era "encontrar um modo de conferir a essas estruturas conceituais a capacidade de engendrar significados mais precisos e complexos *meramente através da manipulação de forma e espaço*".

O paralelismo com a atitude minimalista é evidente: assim como Judd e Stella, Eisenman tem consciência dos limites impostos por um modo de ação fundado na "manipulação" de noções convencionais como "forma" e "espaço"; e assim como eles, tem consciência daquilo que *não* deve fazer quando, na prancheta, ver-se confrontado pela folha em branco: ele não deve manipular conceitos operativos imprecisos e desprovidos de complexidade como "forma" e "espaço".

Mas se não isso, o que então? A resposta que Eisenman dá a essa questão crucial constitui o núcleo da reflexão e da prática projetual eisenmanianas. Em suas palavras, a emergência de novos significados "exigiria algum tipo de método transformacional – no qual os universais da estrutura conceitual são transformados por algum dispositivo em uma estrutura superficial e, assim, ser capazes de receber significado".[24]

A esse método ou dispositivo transformacional Eisenman deu o nome de "diagrama".

10.

Não vou esmiuçar o diagrama eisenmaniano. O que cabe enfatizar aqui é isto: assim como seus colegas minimalistas, Eisenman estava à procura de uma alternativa aos modos consagrados de agir no domínio da criação arquitetônica. Ele tinha ótimas razões para isso. Como grande conhecedor da tradição arquitetônica humanista, havia se dado conta de que "tudo o que conseguimos fazer como humanos é desenhar eixos e lugares".[25] E o que é igualmente importante, assim como Stella, estava seguro de que tinha de haver "um caminho melhor".

O diagrama era esse caminho, o dispositivo performativo que, operando ao nível do desenho, colocava o projetista numa condição a um só tempo crítica e metacrítica, na qual seria eventualmente capaz de, nos termos de Eisenman, "engendrar" uma outra forma, um outro espaço. Eisenman descreveu essa condição nos seguintes termos: "eu tento me manter suspenso entre o mecanismo e minhas próprias respostas subjetivas, de modo que eu não possa definir criticamente quais são seus erros em termos da trajetória total do trabalho".[26]

O caráter performativo do diagrama eisenmaniano fica evidente: ele se interpõe entre as intenções subjetivas do autor e as predeterminações do mecanismo; e assim como ocorre em *Manipulating the T-bar*, Eisenman tanto manipula quanto é manipulado por ele.

Igualmente importante é a opção de Eisenman por ocupar performativamente um dos espaços mais estratégicos da práxis projetual moderna: o espaço do desenho – no caso, o desenho diagramático. Em contraste com o extenso e variado repertório de diagramas que compõem a tradição arquitetônica (com destaque para o que Eisenman denominou o "diagrama como índice icônico")[27], o diagrama eisenmaniano não é um mecanismo de continuidade na "trajetória total do trabalho" - vale dizer, um instrumento destinado a conduzir, continua e logicamente, as intenções do projetista, até que se transformem em formas e espaços propriamente arquitetônicos. Muito ao contrário, ele é um instrumento de descontinuidade, cuja função é transformar as intencionalidades subjetivas do autor naquilo que Eisenman chamou de "metaintencionalidade"[28], leia-se uma intencionalidade que, de algum modo, se autonomiza da subjetivadade do projetista. Como uma espécie de vírus autoinoculado, o diagrama eisenmaniano tem como propósito contaminar e corromper o aparato subjetivo/crítico que, de um modo ou de outro, conduz e controla os procedimentos projetuais; sua função é impedir que a subjetividade do projetista (com seu atávico apego a "eixos" e "lugares") sobredetermine a forma e o espaço arquitetônicos.

O texto de apresentação para a Casa IV, de 1971, ajuda a entender como, na prática, funciona o diagrama eisenmaniano. Nas palavras de Eisenman,

> Na Casa IV, um conjunto limitado de regras (deslocamento, rotação, compressão, extensão) foi aplicado a um conjunto limitado de elementos (volume cúbico, planos verticais, trama espacial de nove quadrados). Este método transformacional estabelece um código de relações espaciais dentro do campo sintático da linguagem arquitetônica. O conjunto de diagramas assim produzidos é registrado tanto como substância quanto como signo indicial, desviando o foco de concepções existentes de forma para um ato intencional de superação da materialidade, da função e do significado.[29]

Esse conjunto limitado de regras se resume, no limite, a um conjunto igualmente limitado de ações (deslocar, rotacionar, comprimir, estender), das quais estão excluídas desde logo alguns dos procedimentos mais recorrentes do fazer projetual tradicional, com destaque para "compor", "relacionar", "equilibrar". O paralelismo com o procedimento minimalista é, uma vez mais, evidente. Vale lembrar que um dos mais conhecidos documentos da arte dos anos 1960, a *Verb List* de Richard Serra, se resume quase que integralmente a um conjunto de verbos de ação, a serem – mecânica e irrefletidamente – desempenhadas pelo artista sobre determinados materiais. Repare-se que se os elementos sugeridos na lista de Serra são vinculados à tradição escultórica da manipulação/transformação da matéria, as ações listadas por Eisenman estão, elas também, vinculadas ao fazer arquitetônico pós-renascentista, fundado na manipulação (i) do cubo que envelopa e define gestalticamente o objeto arquitetônico, (ii) dos planos verticais que definem tanto os limites externos quanto as subdivisões internas desse objeto, e (iii) da trama de nove quadrados que, de Palladio a Le Corbusier, constituem a matriz espacial do que um dos grandes mentores de Eisenman, Collin Rowe, chamou de *ideal villa* (casa ideal).[30]

O paralelismo não para por aí. Também em termos de motivações e propósitos, o diagrama eisenmaniano e o dispositivo performativo estão inteiramente alinhados. De fato, se ao colocar "uma coisa depois da outra", Judd e Stella pretenderam suplantar as sobredeterminações da forma compositiva, Eisenman também pretende se distanciar de "concepções correntes de forma". E se o resultado da operação porventura escapar ao que convencionalmente se entende por "arquitetura", pouco importa. De fato, diz ele,

> Se o resultado seria arquitetura ou teria características arquitetônicas, como planta-baixa ou fachada, não era uma consideração do processo ou um critério de avaliação. Nesse sentido, o problema não era projetar um objeto, mas buscar e estabelecer um programa transformacional livre de restrições autorais tradicionais.[31]

Que o resultado dessa operação pode eventualmente ser desastroso, eis algo que Eisenman sempre esteve pronto a admitir. Como afirmou em 1997, em entrevista a Alejandro Zaera-Polo,

> Se soubéssemos aonde a aplicação de um conjunto de regras nos levaria, estaríamos num processo determinista. O que eu gosto sobre a minha versão particular da máquina arquitetônica [...] é que, nas restrições que estabelecemos, identificamos um conjunto de coisas dadas e então permitimos que elas se movam, se entrelacem e encontrem seu próprio ser. Não sabemos onde ou como esse "ser" será. Não há previsibilidade no sentido tradicional, e se não há previsibilidade, o processo está de algum modo fora do controle autoral... Pode ser um desastre, no sentido tradicional do projeto![32]

Não surpreende que Eisenman tenha acumulado tantos "desastres" ao longo de sua extensa carreira.[33] Tampouco que tenha sido tantas vezes objeto de censura por parte dos críticos.[34] Dito isso, Eisenman nunca deixou de se questionar sobre o espaço que sua "máquina" de fazer arquitetura eventualmente deixava para o sujeito constituinte. Na mesma entrevista a Zaera-Polo, ele deixou isso bem claro:

> Agora, a pergunta que se pode fazer é: se sou um autor que parece não ter controle sobre uma máquina supostamente sem autoria, como mantenho o controle? Parte de ser capaz de ser um autor autônomo é ter um controle tão incrível que se torna possível deixar a máquina funcionar sozinha. Em última análise, acredito no controle sobre o poder.[35]

11.

Muito se falou e especulou nas últimas décadas sobre a condição contemporânea da arte e da arquitetura, com uma profusão de ensaios e inquéritos propondo infindáveis definições de "O Contemporâneo".[36]

Esta não é a ocasião para elencar tais definições. Limito-me a enfatizar que, se a emergência dessa nova condição coincide, total ou parcialmente, com o que Hal Foster denominou "o ponto crucial do minimalismo";[37] se o que define a arte minimalista é, como procurei demonstrar, a pergunta *como agir?*; e se, finalmente, *como agir?* é, para lançar mão da fórmula de Judith Butler, "a pergunta ética e política básica"[38] – pode-se concluir que um dos traços distintivos da arte contemporânea é uma inequívoca inclinação política.

Mas a conclusão pode ser enganosa.[39] Porque bem mais do que um compromisso com a política, o que caracteriza uma importante parcela da arte produzida a partir dos anos

1960 é a capacidade de colocar em questão o conceito moderno de política.

Diretamente vinculado ao advento da visão de mundo crítica moderna,[40] o conceito moderno de política tem características muito específicas. Dentre elas, uma em especial nos interessa: o conceito de ação (e mais ainda de ação política) passa a significar a partir desse momento um modo de conduta consciente, intencional, prospectivo e interventor.

Hans U. Gumbrecht tratou das características muito particulares desse conceito de ação, e do papel que ele desempenha para a definição do conceito moderno de política. Em suas palavras, nosso conceito dominante de ação e, mais ainda, de ação política,

> [...] pressupõe e exige sempre nossa capacidade de moldar cada futuro no presente que o precede. Essa é exatamente a relação entre futuro, presente e também passado que ocupa o centro da visão de mundo histórica: a partir da experiência do passado adaptada ao presente (que é percebido como um momento de transição imperceptivelmente curto), o homem [sic] na autoimagem cartesiana de "Sujeito", isto é, como "consciência dotada de agência", escolhe (e assim molda) seu futuro.[41]

A passagem enfatiza o quanto o conceito moderno de política depende não apenas da presença do sujeito autorreflexivo cartesiano, mas de um sujeito-agente que, mergulhado na temporalidade histórica, constante e compulsoriamente, "escolhe e modela seu futuro".

Tamanho é o protagonismo que esse conceito específico de ação passa a ocupar na autoimagem desse sujeito-agente prospectivo e interventor moderno que, ao fim e ao cabo, ela não define apenas o que, modernamente, se entende por política; define também o que se entende por "humano". Como argumenta Gumbrecht, é de fato somente com o advento da visão de mundo subjetiva moderna – e, com ela, de um mundo cada vez mais percebido como campo de intervenção, cálculo e controle – que "pode a subjetividade integrar o componente de ação na autoimagem que ela oferece à humanidade. E é essa inter-relação entre tempo e ação que cria a impressão de que a humanidade é capaz de 'fazer' sua própria história".[42]

Em *Entre o passado e o futuro*, Hannah Arendt também tratou do advento concomitante dos conceitos modernos de história e de política – e, com eles, uma noção específica de ação. Segundo Arendt, a época moderna não trouxe consigo apenas "uma glorificação da ação", mas sobretudo uma ideia de ação concebida exclusivamente em termos das "intenções planejadas e voluntárias" de um agente que, tomando o mundo como campo de planejamento e intervenção, se vê constantemente compelido a agir e assim a "fazer história".[43]

O quanto os modos consagrados de agir nos espaços modernos da arte se adaptam e conformam a esse modelo específico de ação foi sintetizado pela famosa *boutade* do crítico modernista Harold Rosenberg, segundo a qual "ter um lugar na história da arte é o grande valor".[44] Outro grande campeão da arte modernista, o crítico Michael Fried, expressou esse *pathos* de modo ainda mais radical. Em suas palavras, "o critério de legitimidade definitivo de um suposto avanço [em pintura] é a sua fecundidade: se de fato se revelou ou não a estrada para o futuro".[45] Não por acaso, em seu estudo sobre a filosofia da arte contemporânea, Peter Osborne argumenta que um dos pré-requisitos para se dar conta de práticas emergentes em arte é repensar "o conceito iluminista de política [definido como] a prática de atualização de expectativas históricas".[46]

Se a arte dos anos 1960 em diante tem uma dimensão política, ela reside precisamente aí – na recusa em seguir operando com o conceito moderno de política: a política definida como espaço reservado a um tipo específico de ação: a ação consciente, intencional, prospectiva e interventora. A política definida como espaço de ação exclusivo do sujeito constituinte moderno.

12.

Bem entendido, a arte produzida na esteira do minimalismo não se restringe a um gesto de recusa. Mais do que refutar o conceito moderno de ação, algumas das práticas artísticas mais instigantes surgidas ao longo das últimas décadas ensaiaram modos alternativos de ação e, portanto, de política. E fizeram isso muitas vezes sob enorme desconfiança.

Foi isso, de fato, o que ocorreu no campo da arquitetura quando, a partir do início dos anos 1990, novas modalidades de prática arquitetônica (com destaque para as chamadas práticas diagramáticas) começaram a ganhar destaque no cenário internacional: elas não foram vistas e tratadas apenas como gratuitas ou incongruentes, senão muitas vezes como essencialmente apolíticas.

Um exemplo desse tipo de desconfiança é o modo como a obra de Rem Koolhaas (que, a seu modo, também explorou as potencialidades de uma arquitetura diagramática)[47] foi e segue sendo tratada pelos setores mais "politizados" do pensamento arquitetônico – a saber, como expressão de um cinismo e de um colaboracionismo que, nos termos do vocabulário político moderno, só podem ser vistos como contraditórios à ideia de engajamento político.[48]

O que essas críticas e recriminações expressam, contudo, não é simplesmente o compromisso com o engajamento político, mas sobretudo a tácita aceitação do postulado de que tal engajamento deve, de um modo ou de outro, emular os modos convencionais de ação política.

A leitura que Jonathan Crary faz da obra de Koolhaas é uma exceção a essa predisposição. Criticando a tendência dominante a se ler o trabalho de Koolhaas em termos das antinomias características do vocabulário político tradicional (o que, invariavelmente, a situa no campo do "alinhamento", da "colaboração" e do "antirreformismo"), Crary argumenta que o extraordinário na práxis de Koolhaas é justamente a capacidade de produzir uma arquitetura a um só tempo alinhada e contrária às forças do desenvolvimento econômico capitalista.[49]

Mas como Koolhaas logrou fazer isso?

Uma das respostas mais consistentes a essa pergunta foi dada por Felicity D. Scott. Segundo ela, se Koolhaas produziu uma obra que, em muitos sentidos, cancela as antinomias do vocabulário político tradicional, isso se deve à capacidade de pôr em prática uma "estratégia de ocupação"[50] que, operando entre a ironia e o cinismo, redefine a noção de oportunismo.

A argumentação de Scott tem como base as ideias de Paolo Virno – um dos expoentes do chamado pensamento radical italiano dos anos 1970 –, em especial suas teses sobre uma nova "condição de ação e de conduta em geral". Como argumenta Scott, decisiva na formulação de Virno a respeito do oportunismo não é apenas "a observação astuta dos novos tipos ou 'perfis profissionais' (o cínico e o oportunista)", mas também

> [...] sua insistência de que poderia haver outras respostas a essa condição de alienação amplamente exacerbada. Ele recusa veementemente apelos reacionários de retorno ao enraizamento ou à autenticidade, bem como tentativas de sublimar ou superar a evanescência e o senso de contingência da vida social contemporânea (o "hábito de não ter hábitos"). Instabilidade, desenraizamento e transformação incessante constituem "a necessária condição fundamental da ação e da conduta em geral", explica ele, observando que "essa modalidade de experiência, mesmo que alimente o oportunismo, não necessariamente resulta nisso".[51]

A tese de Scott é a de que, por meio de estratégias de ocupação oportunistas, Koolhaas pôs em prática um modo alternativo de ação política – uma "ação destemperada" que, tomando a forma paradoxal de uma "retirada engajada", se constitui no que Virno considera um "modelo pleno de atuação capaz de enfrentar os desafios da política moderna".[52]

13.

Que Scott vá buscar no pensamento político de Virno um vocabulário conceitual capaz de dar conta de uma práxis arquitetônica, conceitual e eticamente inusitada não surpreende: tradicionalmente, o discurso *propriamente* político sempre serviu de parâmetro quando se trata de caracterizar práticas artísticas e arquitetônicas – sejam elas "autônomas" (quer dizer, alegadamente desvinculadas das ações tidas como *propriamente* políticas), sejam elas "engajadas" (quer dizer, voluntariamente inscritas no âmbito do ativismo político). Mas, e quanto ao caminho inverso – ou seja, e quanto à possibilidade de práticas e ideias artísticas e arquitetônicas servirem de referência para a definição de um conceito alternativo de política? Eis algo bem incomum.

14.

E, no entanto, quando se olha ao redor e se constata que muitos dos modos insurgentes de ação política guardam semelhança com ações performativas surgidas a partir do minimalismo (em especial, a prática de se deixar manipular por palavras de ação), não podemos senão considerar o impacto que a arte dos anos 1960 em diante pode ter desempenhado para a definição de uma noção alternativa de ação política e de política. Uma noção na qual o ativismo político moderno de algum modo se conjuga com a performatividade artística contemporânea, e onde aquilo que comumente definimos como o espaço da política se estende e abarca o que Butler chamou de "campo de poder discursivo".[53]

Dentre essas palavras de ação, uma em especial se destaca: ocupar.

De fato, se há um verbo que personifica um dos modos mais desconcertantes de ação política contemporânea – verbo que dá nome a uma das mais notórias ações de resistência política ocorridas nas últimas décadas (Occupy Wall Street) e que serviu de referência para dezenas, centenas de ações análogas ocorridas em sua esteira pelo mundo afora –, este verbo é ocupar. Ocupar não apenas os espaços físicos (o Parque Zuccotti, a praça Taksim, o Palácio Gustavo Capanema), mas também os espaços do discurso.

Foi de fato isso o que uma infinidade de artistas fez a partir dos anos 1960. Elas ocuparam performativamente os espaços discursivos da arte e sua constelação de categorias e conceitos operativos – o espaço discursivo da "pintura", o espaço discursivo da "escultura" – o espaço da "obra", da "criação", do "autor", da "exposição", do "museu", do "site", da "crítica" e todos os espaços que, como elas bem perceberam, são espaços-mundos de ação e de (uma outra) política.

15.

Poucos artistas fizeram isso de modo tão radical e sistemático quanto Robert Smithson. Muito cedo, ele compreendeu que seu mundo de ação era "o museu da linguagem na vizinhança da arte".[54] Significativamente, enquanto boa parte de seus colegas pós-minimalistas fazia arte *site-specific* (específica do lugar), Smithson se dedicava a confundir "*sites*" (lugares) e "*non-sites*" (não-lugares).[55]

Não foi um desvio fortuito. Smithson percebeu que, com a emergência da visão de mundo moderna, a arte havia se tornado prisioneira de noções e categorias insidiosas e altamente limitadoras, em especial uma concepção de tempo que "começou a ser imposta sobre a arte nos séculos XVIII e XIX com a ascensão do realismo na pintura e no romance".[56] Justamente por viverem aprisionados na "consciência ideológica do tempo", incontáveis artistas à sua volta eram incapazes de perceber que a arte moderna esteve sempre "presa na temporalidade".[57]

Smithson também percebeu que a consciência temporal moderna não instituíra apenas uma temporalidade do tempo, mas também, ardilosamente, uma *temporalidade do espaço* – um espaço que, em algum momento do século XIX, havia se transformado no "resto ou cadáver do tempo". Onde isso se manifestava? Em noções aparentemente insuspeitas como "lugar", "ambiente", "paisagem" e "*site*" – noções que, segundo Smithson, transformavam esses espaços em "lugares do tempo".[58] Coerentemente, em vez de se lançar no espaço e no tempo fenomenológicos (como fez boa parte de seus contemporâneos), Smithson se dedicou a ocupar os "lugares do tempo".

Como, exatamente, ele fez isso? Elaborando e disseminando uma constelação de contradispositivos linguísticos, de neologismos antirrealistas, anti-historicistas e antifenomenológicos, empregados para neutralizar as noções e categorias espaçotemporais centrais das artes visuais modernas, com destaque para "tempo", "temporalidade", "evento", "acontecimento", "história", "espaço", "lugar", "ambiente", "paisagem" e "*site*". Essa lista de contradispositivos espaçotemporais é extensa, e inclui, entre outros, contraconceitos como "tempo negativo", "história inativa", "tempo inorgânico", "lixo temporal", "tempo artificial", "paisagem temporal", "terra como mapa", "paisagem-mapa", além do mais famoso dentre todos – o par "*site/non-site*".[59]

A desmuseificação da linguagem operada por Smithson não se restringiu, contudo, à elaboração e à difusão desse contravocabulário. Como afirmou em "Rumo ao desenvolvimento de um terminal aéreo" (1967), se a arte do seu tempo se deixara aprisionar em um universo de "palavras doentes", isso era também consequência de sua submissão a preceitos e distinções "meramente categóricos". Para livrar essas palavras do mando da "'objetividade' racionalista" e investi-las de novos significados, era preciso ocupar a própria estrutura do "discurso racional". Como fazer isso? Cancelando aquele que, para Smithson, sempre foi um dos mais eficazes e nocivos dispositivos metafísicos modernos – a oposição categórica entre ficcional e não ficcional.

Poucos artistas atacaram de modo tão sistemático esse pilar ontoepistemológico moderno quanto Robert Smithson, que fez do verbo ficcionalizar o verbo de ação por excelência de sua arte: do momento em que adentrou o *establishment* da arte de vanguarda estadunidense em meados dos anos 1960, até sua morte prematura, em 1973, Smithson não fez outra coisa senão ocupar performativamente o museu da linguagem na vizinhança da arte, confundindo presença e "não presença", matéria e "antimatéria", ação e "inação monumental", acontecimento e "não acontecimento", crítica e "infracrítica", fenomenologia e "criptofenomenologia", pensamento e "pensamento lamacento", *sites* e "*non-sites*", mundo e "mundo como mapa".[60]

16.

E se Smithson é uma referência histórica incontornável, inúmeros são os exemplos de práticas contemporâneas que ocupam corrosivamente os espaços discursivos da arte.

Como destaquei no Capítulo 2, um bom exemplo é o artista carioca Eduardo Coimbra, que nunca se limitou a ocupar os espaços discursivos das tradições escultórica e arquitetônica modernas – com seus conceitos operativos de "matéria", "espaço", "escala", "experiência", "lugar" e "paisagem", dentre outros. Como deixa claro o título de um de seus trabalhos mais conhecidos (a série *Estádios*, reunidas no livro *Futebol no campo ampliado*), Coimbra também ocupou os espaços discursivos da arte contemporânea, parasitando e contaminando alguns de seus conceitos operativos mais caros, com destaque para as noções de *site specific* e "campo ampliado" (duas das noções mais instrumentalizadas da arte contemporânea).[61]

O caráter performativo de suas ocupações reside justamente aí. Pois em vez de simplesmente dispensar criticamente essas noções, Coimbra, assim como Smithson, tomou-as como um mundo de ação a ser ocupado, parasitado, inapropriado. *Cut Piece*, de Maria Palmeiro, é outro bom exemplo de ocupação corrosiva e *imprópria* dos espaços discursivos da arte contemporânea. Pois Palmeiro não se limita aqui a compartilhar e mesmo a terceirizar as ações e gestos que, na tradição moderna, estão exclusivamente a cargo do sujeito da criação estética: o sujeito que, a cada passo do processo criativo, reflete, pondera e, soberanamente, decide; o sujeito que, ao cabo de suas ações criativas, assina à guisa de autoria a *sua* obra. Ao intitular sua performance de *Cut Piece*, Palmeiro deixa claro que ela e demais envolvidos na performance não estão apenas "participando" e "colaborando" (para lançar mão de duas noções centrais do discurso da arte contemporânea) na criação de uma obra de arte coletiva; estão também *inapropriando* o espaço – físico, institucional e discursivo – aberto pela performance homônima de Yoko Ono.

Depois

Na introdução de *Declaração: isto não é um manifesto*, Antonio Negri e Michael Hardt justificam por que, em sua visão, aquele texto não pode ser considerado um manifesto. Em suas palavras, "os manifestos proporcionam o vislumbre de um mundo por vir e também dão existência ao sujeito que, embora hoje seja apenas um espectro, deve se materializar para se tornar o agente de mudança".[62]

Que os modos de ação política que esses autores propõem em seu não manifesto também podem ser lidos como ações performativas (performativas na medida em que não supõem a existência desse sujeito que "embora hoje seja apenas um espectro, deve se materializar para se tornar o agente de mudança"; que não proporcionam "o vislumbre de um mundo por vir"; que prescrevem uma ocupação oportunista, parasitária e imprópria dos espaços onde se encontram hoje confinadas as figuras subjetivas do "endividado", do "mediatizado", do "securitizado" e do "representado"; que podem por isso mesmo ser tratadas como "um processo destituinte e não um processo constituinte")[63], faz pensar que, talvez mais do que um desvio da arte em direção à política, o que vem ocorrendo dos anos 1960 para cá é também um desvio da política em direção à arte.

Com que efetividade, com que desdobramentos, com que ganhos, com que riscos?

As respostas a essas perguntas devem ser buscadas nos espaços/mundos de ação da arte e da arquitetura depois da política. De novo e de novo e de novo e de novo. Porque elas – as respostas, não as perguntas – seguirão por muito tempo nos assombrando. Porque pensar uma política depois da política implica não apenas colocar em questão "a maquinaria conceitual que permitiu falar do sujeito até aqui", mas também, como enfatiza Derrida, enfrentar a incômoda e arriscada tarefa de pensar uma outra ética e, com ela, uma outra ideia de responsabilidade.[64] Entende-se o porquê: mais do que conceitual, essa maquinaria foi sempre também uma poderosa maquinaria moral; uma maquinaria que sobredeterminou os modos *apropriados* de agir politicamente no mundo – algo que, como procurei demonstrar, nunca deixou de abarcar os modos de agir nos espaços (em tese, apenas obliquamente políticos) da arte e da arquitetura, notadamente os espaços de ação denominados "criação artística" e "projeto de arquitetura".

Mas se é verdade que essa tarefa é enorme e arriscada; que sobre ela seguem pesando "o nervosismo ou a crispação daqueles que querem manter todos esses temas, todas essas 'palavras' (o 'homem', o 'sujeito' etc.) ao abrigo de todo questionamento",[65] também é verdade que, como muitos artistas desconfiaram, talvez existam caminhos divergentes.

Notas

1 DERRIDA, Jacques. "'É preciso comer bem' ou o cálculo do sujeito", *Revista Latino-Americana do Colégio Internacional de Filosofia*, n. 3 (2018), p. 170.

2 HEIDEGGER, Martin. "Building Dwelling Thinking" in _____. *Basic Writings*. New York: Harper Perennial, 2008, p. 343-363.

3 GREENBERG, Clement. "Modernist Painting" in BATTCOCK, Gregory (org.). *The New Art*. New York: E. P. Dutton & Co. Inc., 1966, p. 100-110.

4 Ver FABIÃO, Eleonora. "Programa performativo: o corpo em experiência", *Ilinxs Revista do Lume*, n. 4 (dez., 2013).

5 "My conclusion was that I was an artist and I was in the studio, then whatever it was I was doing in the studio must be art". NAUMAN, Bruce. *Please Pay Attention Please. Bruce Nauman's Words. Writings and Interviews*. Cambridge (MA) and London: The MIT Press, 2005, p. 194.

6 AUSTIN, J. L. *How to Do Things with Words*. Oxford: At the Clarendon Press, 1962. A tradução para o português, de Danilo Marcondes, tem como título justamente "Quando dizer é fazer".

7 Cf. RANCIÈRE, Jacques. *Aisthesis*. London and New York: Verso, 2011.

8 DE DUVE, Thierry. *Kant after Duchamp*. Cambridge (MA) and London: The MIT Press, 1996, p. 314, grifos meus. Hal Foster, por sua vez, enfatiza que o mictório de Duchamp "*is a declaration, a performative*". FOSTER, Hal. "What's New about the New Avant-Garde", *October*, v. 70 (Fall, 1994), p. 19.

9 O colocar-na-galeria é tão performativo quanto declarar "isto é arte". O gesto se compara, por exemplo, a quebrar uma garrafa de champanha no casco de um navio no momento em que ele é batizado. Cf. AUSTIN, op. cit.

10 Repare-se que, se tanto no regime estético/kantiano quanto no regime duchampiano o fenômeno artístico se dá coletivamente, as noções de coletividade subjacentes a um e outro regimes são essencialmente diferentes: se em Kant a experiência do belo pressupõe a existência de uma coletividade fundada num *sensus communis* estético – comunidade que se institui na e pela experiência transcendental e incomunicável do belo

–, em Duchamp o fenômeno artístico se dá em um contexto definido por relações – circunstanciais, instáveis – de poder.

11 BUTLER, Judith. "Performative Acts and Gender Constitution: An Essay in Phenomenology and Feminist Theory", *Theatre Journal*, v. 40, n. 4 (dez., 1988), p. 519. Tradução minha.

12 Precedentes históricos seriam, alegadamente, os agentes presumidos no dadaísmo e no surrealismo. Uma associação entre algumas performances contemporâneas e as "*promenades imbeciles*" dadaístas pode de fato ser feita. Já a ênfase surrealista no inconsciente parece invalidar essa associação com as performances sessentistas e setentistas.

13 "The subject as sovereign is presumed in the Austinian account of performativity". BUTLER, Judith. "Burning Acts: Injurious Speech", *The University of Chicago Law School Roundtable*, v. 3, n. 1 (1996), p. 203.

14 Repare-se, a propósito, que se a primeira ação de Nauman – uma vez mais, declarar por meio de um silogismo que tudo o que viesse a fazer no *studio* seria por definição arte – constitui um típico performativo austiniano, não se pode dizer a rigor que seja um gesto duchampiano. Pois o que Nauman faz, na verdade, é outorgar ao ateliê uma prerrogativa que, no regime duchampiano, é do artista e só do artista – a saber, o poder de instituir que isto ou aquilo ou aquilo outro é "arte". A distinção é clara: se o *ready-made object* de Duchamp é feito pelo artista, a *ready-made art* de Nauman é feita pelo ateliê. Ao fazê-lo, Nauman contorna, de resto, um dos problemas centrais da operação de Duchamp – qual seja, a escolha de cada *ready-made*. Como destaca Foster, enquanto Rodchenko "afirma", Duchamp "escolhe". FOSTER, "What's New about the New Avant-Garde", p. 19.

15 Cabe destacar que, não obstante a elisão da palavra "objeto", todo *ready-made* é um *ready-made object*. Sobre a diferença entre "meras coisas reais" e objetos de arte ver DANTO, Arthur C. *A transfiguração do lugar-comum*. São Paulo: Cosac Naify, 2010.

16 DELEUZE, Gilles. "What is a dispositif?" in ARMSTRONG, T. J. (ed.). *Michel Foucault – Philosopher*. New York: Harvester Wheatsheaf, 1992, p. 159-168.

17 RANCIÈRE, Jacques. "Ten Thesis on Politics", *Theory & Event*, vol. 5, n. 3 (2001).

18 STELLA, Frank. "The Pratt Lecture" in *Black Aluminium Copper* (Exhibition Catalog). New York: L&M Arts, 2012, p. 77. Stella proferiu a *Pratt Lecture* no inverno de 1960. Tradução minha.

19 In BATTCOCK, Gregory (org.). *Minimal Art: A Critical Anthology*. Berkeley; Los Angeles; London: University of California Press, 1995, p. 157. Tradução e ênfases minhas.

20 Ibidem. Tradução minha.

21 Como argumentou Luiz Camillo Osório (Correspondência pessoal com o autor, 1.8.2018), nem todo desenhar pode ser considerado um dispositivo metafísico, e o exemplo que cita – o desenhar em Cy Twombly – é, em sua visão, prova disso.

22 JUDD, Donald. "Specific objects" in _____. *Complete Writings 1959-1975*. Halifax: The Press of the Nova Scotia College of Art and Design, 2005, p. 184.

23 EISENMAN, Peter. "Notes on Conceptual Architecture" in _____. *Inside Out. Selected Writings, 1963-1988*. New Haven: Yale University Press, 2004, p. 24. Tradução minha.

24 Ibidem. Tradução minha.

25 EISENMAN, Peter. "A Conversation with Peter Eisenman", *El Croquis*, Peter Eisenman: 1990-1997, n. 83 (1997), p. 13. Tradução minha.

26 Ibidem. Tradução minha.

27 EISENMAN, Peter in _____, KOOLHAAS, Rem. *Supercritico*. São Paulo: Cosac Naify, 2013, p. 21. Eisenman alude a dois tipos de diagramas, o diagrama como "índice icônico" e o diagrama como "índice de transformação".

28 EISENMAN, Peter in ZAERA-POLO, Alejandro. *Arquitetura em diálogo*. São Paulo: Cosac Naify, 2015, p. 299.

29 EISENMAN, "Projects: House IV", *Eisenman Architects*. Tradução minha. Disponível em: https://eisenmanarchitects.com/House-IV-1971.

30 ROWE, Colin. *The Mathematics of the Ideal Villa and Other Essays*. Cambridge (MA) and London: The MIT Press, 1976.

31 EISENMAN, "Projects: House IV", *Eisenman Architects*. Tradução minha.

32 EISENMAN, Peter in ZAERA-POLO, Alejandro. *Arquitetura em diálogo*, p. 280.

33 Uso a palavra "desastre" num sentido não convencional, como deixam claro os Capítulos 2 e 6 deste livro.

34 Ver, por exemplo, CURTIS, William. "Galicia, Spain – Peter Eisenman fails to translate a seductive proposal into a successful City of Culture for Spain", *The Architectural Review*, [s/d].

35 EISENMAN, Peter in ZAERA-POLO, Alejandro. *Arquitetura em diálogo*, p. 299.

36 Ver, entre outros, FOSTER, Hal et al. "Questionnaire on 'The Contemporary'", *October*, v. 130 (Fall, 2009), p. 3-124.

37 FOSTER, Hal. *O retorno do real*. São Paulo: Cosac Naify, 2014.

38 BUTLER, Judith. *Corpos em aliança e a política das ruas*. Rio de Janeiro: Civilização Brasileira, 2018, p. 29.

39 Discordo, portanto, da leitura que Alexandre Alberro faz da arte dos anos 1960 e 1970, fundada na oposição entre arte engajada *vs.* arte não engajada. ALBERRO, Alexandre. "The Turn of the Screw. Daniel Buren, Dan Flavin and the Sixth Guggenheim International Exhibition", *October*, v. 80 (Spring, 1997), p. 57-84. Creio, a propósito, que categorias como "arte política", "arte engajada", "arte progressista", "arte de contestação" etc. são inadequadas para dar conta de uma parcela importante da arte dita contemporânea. Como argumento no Capítulo 6, penso que esse tipo de oposição acaba obliterando distinções ético-políticas importantes na arte que vem sendo feita dos anos 1960 em diante.

40 Cf. KOSELLECK, Reinhart. *Crítica e crise. Uma contribuição à patogênese do mundo burguês*. Rio de Janeiro: Eduerj; Contraponto, 1999.

41 GUMBRECHT, Hans U. *Questionário Hans U. Gumbrecht*. Rio de Janeiro: Casa de Rui Barbosa, 2018 (inédito). Tradução minha.

42 GUMBRECHT, Hans U. "Cascatas de Modernidade" in _____. *Modernização dos sentidos*. São Paulo: Editora 34, 1998, p. 16.

43 ARENDT, Hannah. "O conceito de história: antigo e moderno" in _____. *Entre o passado e o futuro*. São Paulo: Perspectiva, 1988, p. 69-126.

44 ROSENBERG, Harold. *Objeto ansioso*. São Paulo: Cosac Naify, 2004, p. 230. Ver CRIMP, Douglas. "On the Museum's Ruins", *October*, v. 13 (Summer, 1980), p. 41-57.

45 FRIED, Michael. "Frank Stella" in *Toward a New Abstraction* (Catálogo). New York: The Jewish Museum, 1963, p. 28. Tradução minha.

46 OSBORNE, Peter. *Anywhere or Not at All*. New York: Verso, 2013, p. 176. Tradução minha.

47 Sobre o aspecto diagramático da arquitetura de Koolhaas, v. SOMOL, Robert E. "Dummy Text, or The Diagrammatic Basis of Contemporary Architecture", *Risco*, n. 5 (Jan., 2007), p. 168-178.

48 Para Hal Foster, os "movimentos ambíguos" de Koolhaas seriam o testemunho de alguém que, "surfando" na "dialética da modernização", talvez não tenha produzido nada além de "uma vanguarda sem projeto". FOSTER, Hal. *Design and Crime (and Other Diatribes)*. London and New York: Verso, 2003, p. 60-61.

49 CRARY, Jonathan. "Notes on Koolhaas and Modernization", *ANY: Architecture*, n. 9 (1994), p. 14-15. Tradução minha.

50 SCOTT, Felicity D. "Involuntary Prisoners of Architecture", *October*, v. 106 (Fall, 2003), p. 87. Tradução minha.

51 Ibidem, p. 92-93. Tradução minha.

52 Ibidem, p. 93. Tradução minha. Tanto Koolhaas quanto Eisenman reconheceram essa dimensão paradoxal de suas ações projetuais: Eisenman, definindo sua prática em termos da "passividade crítica" característica de um "sujeito passivo não passivo"; Koolhaas, reivindicando, em lugar do compromisso atávico da disciplina arquitetônica com a intervenção e a mudança, uma atitude que também guarda espaço para "a abstinência". EISENMAN, Peter; KOOLHAAS, Rem. *Supercrítico*, p. 20 e 27, respectivamente.

53 BUTLER, Judith. *A força da não violência*. São Paulo: Boitempo, 2021, p. 22.

54 SMITHSON, Robert. "A Museum of Language in the Vicinity of Art", *Art International*, v. 12, n. 3 (Mar., 1968), p. 21-27.

55 Neste livro, em determinadas expressões, como *não-lugar*, *não-ocidental* e *não-objeto*, foi mantido o hífen por uma questão de ênfase semântica e de aproximação com o valor conceitual original [N.E.].

56 Ibidem, p. 23. Tradução minha.

57 SMITHSON, Robert. "Quasi-Infinities and the Waning of Space", *Arts Magazine*, v. 41, n. 1 (Nov., 1966) p. 29. Tradução minha.

58 Trato desse tema no Capítulo 4.

59 SMITHSON, Robert. *Robert Smithson. The Collected Writings* (Jack Flam editor). Berkeley, Los Angeles, London: University of California Press, 1996, passim. Tradução minha.

60 SMITHSON, Robert. *Robert Smithson. The Collected Writings*, passim. Tradução minha.

61 KRAUSS, Rosalind. "A escultura no campo ampliado", *Arte & Ensaio*, v. 17, n. 17 (2008), p. 128-137.

62 NEGRI, Antonio; HARDT, Michael. *Declaração. Isto não é um manifesto*. São Paulo: n-1, 2016, p. 9.

63 Ibidem, p. 21 e 67.

64 DERRIDA, Jacques. "'É preciso comer bem' ou o cálculo do sujeito", p. 172.

65 Ibidem, p. 171.

Juliana Notari, *Symbebekos*, 2011

Museu de Arte Moderna do Rio de Janeiro (MAM Rio)

Juliana Notari, *Symbebekos*, 2011

Eduardo Coimbra, *Estádio III*, 2011
Eduardo Coimbra, *Horizontes para Vera*, 2001

Eduardo Coimbra, *Escultura 2*, 2013
Eduardo Coimbra, *Fatos arquitetônicos*, 2015
Eduardo Coimbra, *Uma escultura na sala*, 2015

Elílson, *Massa Ré* #2, 2016

Maria Palmeiro, *Cut Piece*, 2014

Carlos M. Teixeira, *Brasília, cidade-Cerrado*, 2020

Carlos M. Teixeira, *Brasília, cidade-Cerrado*, 2020

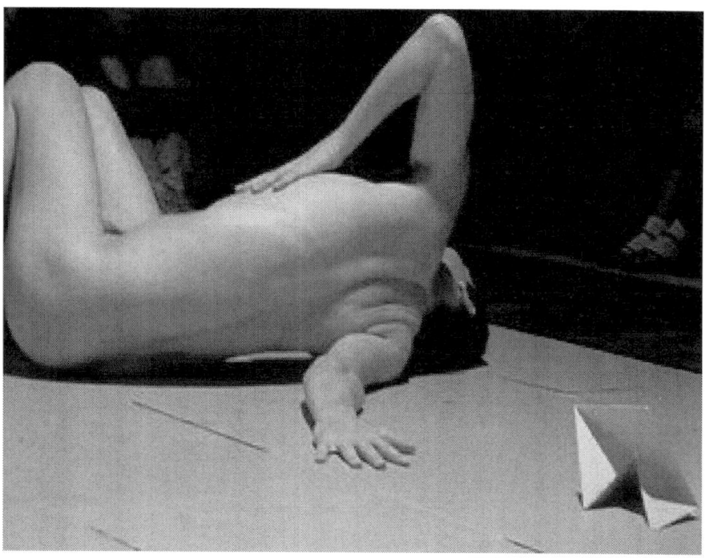

Wagner Schwartz, *La Bête*, 2017

Lyz Parayzo, *Bixinha Circular Hexagonal*, 2019

Márcia X e Alex Hamburger, *Cage e os velocípedes*, 1985

Cildo Meireles, *Inserções em circuitos ideológicos 1 – Projeto Coca-Cola*, 1970

Adirley Queirós, *Branco sai, preto fica*, 2014
Adirley Queirós, *Mato seco em chamas*, 2022

4. Reivindicar a cidade sem forma

Sempre o outro, sempre ele, inseparável, alheio...

Octavio Paz[1]

Muito se falou nas últimas décadas sobre o caráter difuso e impreciso do conceito de cidade – sobre como, a partir sobretudo da Revolução Industrial, ele deixou de dar conta de uma forma de vida que, como sintetizou Jürgen Habermas, "se transformou a tal ponto que o conceito dela derivado já não logra alcançá-la".[2] Isto não é falso, mas pode ser enganoso. O que o conceito de cidade esconde é algo mais importante: aquilo que julgamos ser múltiplas versões de cidade (a cidade do renascimento, a cidade barroca, a cidade industrial, a cidade-jardim, a metrópole novecentista, a cidade modernista, a cidade pós-modernista, as megacidades, as cidades globais) é também uma única e mesma coisa: a cidade como forma. Se, a exemplo da arte, a tarefa da arquitetura é imaginar modos/mundos alternativos de estar e de agir no espaço – em especial no espaço da cidade, no "espaço público" –, é tempo de reivindicar a cidade sem forma.

*

1.

O que chamamos genericamente de cidade é apenas a cidade como forma.

2.

A cidade como forma não é um tipo de configuração espacial, mas uma forma de captura mental.

3.

A cidade como forma define-se tanto pelo que é e possibilita quanto pelo que não é e reprime – a cidade sem forma.

4.

A cidade sem forma não está fora da cidade como forma – no subúrbio, na roça, no mato, no campo. Ao contrário, vive latente dentro dela, em caminhos que se bifurcam, linhas de fuga, lugares outros, passagens, derivas, vaguezas. Vive em tudo aquilo que, a qualquer momento, pode se abrir na superfície da cidade como forma.

5.

A cidade sem forma não é o oposto da cidade como forma – a cidade informal, a cidade amorfa, a cidade disforme. Não é tampouco uma alternativa a ela. Assim como a cidade sem forma não existe sem a cidade como forma, esta última não existe sem a possibilidade, ou o risco, da cidade sem forma.

6.

A cidade sem forma não é projeto, utopia ou devaneio. A cidade sem forma é uma reivindicação.

7.

Assim como outras "práticas de reivindicação", reivindicar a cidade sem forma implica reconhecer, conforme a lição de

Isabelle Stengers, não apenas que "estamos doentes e precisando nos curar", mas que essa cura deve começar ali, precisamente "onde cada prática foi humilhada, apartada do poder de fazer seus praticantes pensar e imaginar".[3]

Stengers é uma referência essencial: há muito tempo ela vem reivindicando o mundo de coisas que a ciência moderna e a economia do conhecimento baniram não apenas da pesquisa científica e da produção de conhecimento, mas da própria "realidade". Um exemplo é a ideia de animismo. Para a filósofa, de nada adianta aceitar o conceito de antropoceno (ou seja, o argumento "cientificamente comprovável" de que adentramos uma era geológica na qual, pela primeira vez na história do planeta, as transformações climáticas decorrem diretamente da ação humana) sem simultaneamente aceitar "a realidade de Gaia", vale dizer, a existência de uma Terra que se comporta e age como um autêntico ser vivo. Para tanto, enfatiza ela, é preciso "reivindicar o animismo", restituir-lhe o lugar que pode e deve ter em uma "realidade" que nem por isso é incompatível com a ciência e a produção de conhecimento.[4]

Reivindicar a cidade sem forma é também isto: reclamar uma cidade banida, exilada, esconjurada.

8.

O espaço da cidade como forma não é propriamente espacial, mas temporal. É fruto do longo processo de "modernização dos sentidos" que, entre outras coisas, temporalizou o espaço e deu origem à consciência temporal moderna (e, com ela, à naturalização do chamado "tempo histórico", por definição linear, sequencial e progressivo).[5] Poucas pessoas perceberam isso com tanta clareza quanto Robert Smithson.

Segundo o artista estadunidense, a consciência temporal moderna (ou o que ele chamou de "consciência ideológica do tempo")[6] não instituiu apenas uma "temporalidade do tempo",[7] mas também, sub-repticiamente, uma temporalidade do espaço, de um espaço que, a partir sobretudo dos séculos XVIII e XIX, com o advento do realismo na pintura e na literatura, se transformou no "resto ou cadáver do tempo".[8]

Tudo o que Smithson fez em sua meteórica vida de artista teve como propósito livrar as artes visuais da nefasta submissão ao tempo histórico – algo que empreendeu por meio de um assombroso repertório de dispositivos antirrealistas e anti-historicistas, com destaque para o par dialético-ficcional "lugar/não-lugar" (*site/non-site*). Não por acaso, enquanto boa parte de seus colegas de geração fazia e continua fazendo *earthworks* ("trabalhos de terra", também conhecidos como *Land Art*), Smithson se dedicou a fazer o que Craig Owens inspiradamente chamou de *earthwords* ("palavras de terra"): obras nas quais algumas das distinções espaçotemporais mais fundamentais da arte contemporânea – por exemplo, corporal x mental, material x imagético, presença x ausência e real x ficcional – simplesmente colapsam.[9]

9.

A colonização do espaço pelo tempo nunca se restringiu à cidade: abrange todo e qualquer "lugar", "sítio", "ambiente", "território", "paisagem". Mas a cidade como forma é a realização máxima da consciência espaçotemporal moderna e em nenhum outro lugar a captura do espaço pelo tempo se deu de forma tão completa e abrangente.

10.

Que a colonização do espaço pelo tempo não seja objeto de interesse central da arquitetura e do urbanismo – em contraste, por exemplo, com a historiografia, que convive há décadas com a desconstrução do tempo histórico[10] – apenas atesta como essas disciplinas foram, elas também, capturadas por uma temporalidade que, como percebeu Michel Foucault, acabou por definir "o modo de ser de tudo o que nos é dado na experiência".[11]

O cisma contemporâneo que aparta, de um lado, a arte e, de outro, a arquitetura e o urbanismo, é resultado do longo processo em que estes últimos vêm abdicando do aspecto mais instigante e desafiador do espaço: sua relação com qualquer tempo que não seja o tempo histórico. As chamadas práticas de preservação atestam isso: bem mais do que preservar bens alegadamente "históricos", seu propósito é preservar o próprio tempo histórico.

"Urbanismo" e mesmo "arquitetura" talvez não sejam mais do que os nomes que seguimos dando aos campos do conhecimento e às práticas profissionais que têm como tema e objeto não propriamente o espaço urbano e arquitetônico, mas o espaço urbano e arquitetônico colonizado pelo tempo.

11.

A cidade como forma é a reificação do plano. Por "plano" não se entenda aqui o plano dos urbanistas – o plano piloto ou *master plan* que condensa, delineia e, na prática, viabiliza operações de fundação ou renovação de cidades. Como disse Rem Koolhaas, "mutações sucessivas escarnecem da palavra 'plano'",[12] fizeram dela uma noção rasa e improdutiva. Do ponto de vista temporal, sobretudo, "plano" se tornou um termo enganoso e redutor, incapaz de dar conta de qualquer espaço que não seja o espaço capturado pelo tempo histórico, o espaço afeito e atinente à chamada "evolução urbana".

"Plano" deve ser entendido aqui num sentido muito mais abrangente e radical, como dispositivo epistemológico que, constante e reiteradamente, opera a temporalização do espaço, sua transformação naquilo que Smithson chamou de "lugares do tempo"[13] – em síntese, aquilo que define o modo de ser e estar na cidade como forma.

Na cidade como forma, nada escapa à lógica do plano.

Viver na cidade como forma é viver no plano.

12.

Se a cidade como forma é a reificação do plano, abandonar o plano é condição de possibilidade da cidade sem forma.

13.

No plano, tudo está sempre em situação.

Situação é uma localização temporalizada, é a condição espaçotemporal básica dos lugares do tempo – de tudo o que existe no superlugar-tempo que é a cidade como forma.

A situação está para o plano assim como o evento está para a História com H maiúsculo, na qual, como apontou Hannah Arendt, nada é significativo "em si e por si só", mas sempre em função de um "processo" que tudo abarca e correlaciona.[14]

Estar "em situação" é estar em lugares que existem e só existem enquanto posições específicas no decurso do tempo histórico.[15]

Mais do que topológico, o plano é um dispositivo que se poderia chamar de "sincrológico", ou seja, tudo o que nele figura, existe e só existe de modo síncrono e "co-movente".

Viver no plano é viver capturado num espaço em que os lugares estão sempre se deslocando sincronicamente e no exato ritmo do desenvolvimento histórico e da evolução urbana.

14.

Toda ação na cidade como forma é sempre uma "situ-ação", uma ação situada nos lugares do tempo e a eles posta a serviço.

15.

Na cidade como forma, tudo o que é só existe em um presente precário e relacional; um presente suspenso entre o passado e o futuro, inelutavelmente enredado na lógica processual da "História".

16.

A cidade como forma é essencialmente contextual: nada do que nela existe está ou pode estar fora de contexto, vale dizer, desvinculado de uma situação geral que tudo amarra e articula.

A noção de contexto é a própria condição existencial de tudo o que é na cidade como forma: existir no mesmo espaço-tempo, em sintopia, é, ali, a própria condição de ser.

Não faz nenhum sentido dizer que na cidade como forma algo está fora de contexto.

Conceito tipicamente historiográfico, ligado em sua origem à ideia de "encadeamento das ideias dum discurso",[16] a noção de contexto tornou-se uma categoria central do pensamento urbano e da prática do urbanismo: eis um desdobramento lógico de um espaço colonizado pelo tempo.

O chamado urbanismo contextualista não passa de uma redundância: não existe a rigor "urbanismo" ou "planejamento urbano" que não seja contextualista – o espaço e o tempo históricos são a própria condição de existência de ambos.

Ao afirmar que o contextualismo "é uma nostalgia do presente",[17] Peter Eisenman (um leitor de primeira hora de Smithson) explicitou o significado inconfessável dessa noção: expressão de uma pulsão mórbida e compulsiva, desejo irrefreável (moderno, pós-moderno, contemporâneo) de manter a cidade confinada num presente em que ela está há séculos aprisionada.

O contextualismo é a Síndrome de Estocolmo do espaço sequestrado pelo tempo histórico.

17.

Como obra de arte, a cidade como forma é a grande realização do *site specific*, categoria estética que designa obras criadas para um espaço determinado.

Michael Fried foi um dos primeiros a perceber que a noção de *site specific* nunca significou apenas *espacialmente* específico, mas também e sobretudo *temporalmente* específico. Esta é, precisamente, a questão de fundo de sua célebre (e em muitos sentidos infame) crítica à arte minimalista, que se aplica com perfeição à vida em situação como um todo e, assim, à cidade como forma. Conforme argumentou em "Arte e objetidade",[18] Fried não considerava a arte *em situação* minimalista apenas desinteressante, mas sobretudo contraditória com a própria ideia de arte, de qualquer arte.[19] A função da arte, afinal, era libertar as pessoas das situações e dos ambientes nos quais já viviam cotidianamente imersas – não o oposto disso.

Assim como Smithson, Fried era visceralmente avesso à arte *site specific* – ou ao que que Peter Plagens chamou com argúcia de "*context art*", arte do contexto.[20] O artista e o crítico nunca compartilharam, no entanto, o modo de ver e imaginar a arte. Apavorado com o rumo que a arte contemporânea vinha tomando no final dos anos 1960 (anos mais tarde admitiria que "nada menos do que o futuro da civilização ocidental estava em jogo em 'Arte e objetidade'"),[21] Fried só conseguia olhar para trás e para o alto, vale dizer, para a tradição estética romântica e a promessa de sublimação epifânica que ela sempre trouxe consigo. Extasiado, Smithson fez diferente: olhou para o lado[22] e sobretudo para baixo, mais precisamente para um chão des-situado e inespecífico, o chão/não chão ficcional e movediço que sua arte obstinadamente reivindicou e segue reivindicando.

18.

Se toda ação na cidade como forma é sempre situada (assim como todas as coisas que dela resultam: obras de arte, edifícios, lugares), a cidade sem forma é o lugar/não-lugar de uma outra ação: uma ação dessituada, radicalmente estranha aos lugares do tempo.[23]

19.

Livre da nostalgia do presente e resistente a qualquer contextualização, inespecífica dos pontos de vista espacial e temporal, a cidade sem forma é a realização máxima de uma condição "destemporânea", estranha à presença e ao presente histórico.

20.

Na origem do plano está o mapa, um mapa em que não mais figuram deuses e monstros, mapa de um globo transformado em superfície esquadrinhável, mensurável, colonizável. Em síntese, o mapa moderno.[24]

O mapa não é uma figuração em escala reduzida, uma representação analógica mais ou menos fiel do espaço real. O oposto é mais exato: o chamado "espaço real" é uma figuração do mapa, a representação em escala real de um espaço já cartografado.

Smithson também percebeu isso. Ao descrever seu passeio pelos monumentos de Passaic, anotou: "a qualquer momento meus pés estavam aptos a cair através do chão de papelão".[25]

O que vale para o mapa, vale para o plano e sua realização máxima, a cidade como forma: a cidade como forma é a representação de um espaço há muito tempo cartografado, planificado.

21.

Não é fortuito que Ildefonso Cerdà, em cuja obra cidade e plano de algum modo se fundem, seja frequentemente considerado o "pai" do urbanismo. O urbanismo não é nem a práxis nem a ciência da cidade; é a práxis e a ciência da cidade transformada em plano.[26]

22.

A tradicional distinção entre plantas cadastrais (que registram o que já existe) e planos urbanísticos (que projetam o que ainda está por existir) não se sustenta: umas e outros são sempre planos. E todo plano é plano de captura: mais do que documentar ou projetar determinada configuração espacial, o plano prescreve um modo de ser no espaço.

O plano define uma economia geral da distribuição espaço-temporal de tudo o que existe na cidade como forma, na cidade feita plano.

23.

As cidades planejadas são a versão hiperbólica da cidade feita plano: a cidade como forma, afinal, é sempre planejada. Por "planejada" não se entenda previamente planejada, mas a indicação de que, em dado momento, a cidade foi subsumida pelo plano.

Que moradoras e moradores das chamadas cidades-satélite se refiram a Brasília como "Plano Piloto", ou seja, por sua denominação projetual, por sua existência em papel, é apenas um paroxismo.

24.

Há inúmeras evidências de que cidade e plano se transformaram e continuam se transformando numa única e mesma coisa: a universalização do planejamento, em suas diversas versões, como instância indispensável a toda e qualquer intervenção propriamente "urbanística"; o pressuposto de que não há espaço que não se conforme ao plano – e foi-se o tempo em que o mar era uma exceção a essa regra; a reificação das noções e categorias do planejamento e do desenho urbano, em especial aquelas que compõem a chamada morfologia urbana.

Há muito tempo, as noções e categorias da morfologia urbana deixaram de ser meras ferramentas analíticas e projetuais para se transformar em dispositivos que conformam a vida na cidade à vida no plano.

Viver na cidade como forma é, por isso, viver capturado por um conjunto de instrumentos analíticos e projetuais reificados.

A reificação da morfologia urbana vai além da ideia de que toda e qualquer cidade possui "morfologia" e que, portanto é redutível, analítica e projetualmente, a seus elementos constituintes básicos: rua, lote, alinhamento, quadra, bairro, vizinhança, ambiente, malha/tecido/trama, rede, setor, área, zona etc. Essa reificação institui sobretudo um modo de ser conformado à morfologia urbana – com seu arranjo específico de partes e todo, seus encadeamentos espaçotemporais lineares e sequenciais, com tudo o que é preestabelecido pelo que Gilles Deleuze e Félix Guattari denominaram "lei de contiguidade ou de imediatidade".[27]

Se, como queria Carlos Nelson Ferreira dos Santos, a cidade é um jogo de cartas, a cidade como forma é um jogo de cartas marcadas.[28]

25.

Se a cidade como forma requisita e define um corpo "específico", afeito à sua economia geral, a cidade sem forma demanda um corpo alternativo: um corpo/não corpo ficcional e protético.[29] Um corpo anacrônico e des-situado, que simultaneamente está e não está; um corpo que reclama um espaço estranho aos lugares do tempo; um corpo inespecífico e parafenomenológico que opera saltos, descontinuidades, anacronismos e todo tipo de dobra espaçotemporal. Em suma, um corpo imune e alheio ao plano.

26.

A reificação das noções e categorias da morfologia urbana decorre da reificação de um significante bem mais elusivo e potente: o solo urbano, o piso da cidade como forma. Nesse solo planificado e planificável – um solo praticável dotado de boa parte dos atributos da folha de papel sobre a qual, faz muito tempo, se projetam mapas, planos, cidades – vieram se apoiar, física e conceitualmente, as noções e categorias da morfologia urbana. Dia após dia, é sobre ele que toma forma a cidade feita plano.

27.

Peter Eisenman compreendeu ainda que, se outra cidade era possível, ela jamais se assentaria sobre o solo praticável e funcional da cidade como forma. Seu projeto para o Cannaregio se assenta sobre um chão que, além da Veneza "real", abre e guarda espaço – anacrônica e atopicamente – para o projeto nunca executado de Le Corbusier para Veneza e o parque projetado por Bernard Tschumi para Paris. Um chão que, como Eisenman fez questão de enfatizar, não possui, de direito, nem lugar nem tempo específicos.[30]

Apoiando-se sobre um solo multiestratificado e movediço, um criptossolo ficcional e desastroso, impraticável e disfuncional, afeito a deslocamentos e justaposições, onde nada está em situação e no qual o contexto colapsa – um solo-palimpsesto onde, em vez de presenças, só existem traços e espectros –, a Veneza de Eisenman é o lugar/não-lugar onde a cidade sem forma se abre como risco e possibilidade.

28.

Um dos atributos mais insuspeitos desse solo urbano é também um de seus operadores mais eficazes: o preceito supostamente autoevidente de que tudo o que é na cidade se assenta sobre, e assim ocupa, uma única e mesma superfície – um piso contínuo e fluido, multiabrangente e englobante. Um *piso-medium* que, como percebeu e registrou Giambattista Nolli ainda no século XVIII, tudo abarca e alcança, e por meio do qual tudo está sempre interconectado.

29.

São incontáveis os desdobramentos do preceito de que, deliberadamente ou não, todos os que pisam o solo urbano ocupam, por definição, o espaço da cidade. Um deles é particularmente importante: se todos os que pisam o solo urbano já ocupam, querendo ou não, o espaço da cidade, o que usualmente chamamos de ocupação não é, a rigor, uma ação.

Antes mesmo de definir o modo como agimos na cidade, notadamente o modo como nela nos posicionamos e nos deslocamos, o solo urbano interdita, de saída, aquela que é ou deveria ser a ação primeira de todas e todos aqueles que se encontram na cidade: o ato de ocupar.

30.

O espaço público que deriva dessa concepção de solo urbano é um dispositivo especialmente ardiloso. Sub-repticiamente, ele estabelece um vício de origem para todas as ações desempenhadas na cidade como forma, na medida em que toda e qualquer ação nele desempenhada irá, por definição, derivar de uma ausência primordial de ação.

O conceito de espaço público opera uma inversão radical e, em termos políticos, particularmente danosa: não é o público que faz o espaço, é um conceito predefinido e constrangedor de espaço que faz "o público".

Para além de sua notória dimensão excludente, o espaço público é um dispositivo literalmente imobilizante. Além de repelir determinados grupos sociais, étnicos e políticos, suprime uma das mais fundamentais ações políticas: o próprio ato de ocupar e, assim, abrir espaço.

31.

Não é acidental que a repressão aos movimentos de ocupação (físicas e discursivas) do espaço público esteja entre as ações mais violentas que o Estado move contra seus adversários reais, potenciais e imaginários.

O implacável mando do Estado sobre o espaço público vai muito além do controle e da regulamentação de seu uso efetivo. O que está em jogo é algo bem mais importante e estratégico: a perpetuação de um típico e altamente eficaz aparelho de Estado.

A repressão às ações de ocupação desviantes do espaço público não é fortuita. O espaço público é, afinal, o solo epistemológico sobre o qual se assenta o Estado, e qualquer trepidação pode bem abrir espaço para um chão "máquina de guerra" em que o Estado eventualmente derrapa.[31]

32.

A cidade sem forma se aproxima da noção de rizoma não apenas porque, diferentemente do que ocorre no plano, o rizoma permite a conexão de pontos diversos sem ordem ou hierarquia, mas sobretudo porque, como Gilles Deleuze e Félix Guattari enfatizaram, o rizoma é uma questão de performance: se há rizoma é porque fez-se rizoma, não há rizoma que preceda o ato de fazer rizoma.[32]

33.

Se o solo urbano e a cidade que ele sustenta derivam da supressão do ato primordial de ocupar, então uma das precondições para a emergência da cidade sem forma é reivindicar o chão, o direito há muito usurpado de ocupá-lo.

34.

Reivindicar o chão: estranhar o chão; fazer do chão não mais uma "questão de fato" mas uma "questão de interesse";[33] reaprender a conectar-se pelo chão, redescobrir no chão a "eficácia metamórfica dos agenciamentos".[34]

35.

Reivindicar o chão: aceitar o risco de pisar um chão que só existe quando e enquanto é pisado – de mil e uma maneiras diferentes, um passo depois do outro, de novo e de novo e de novo e de novo; um chão que não preexiste às práticas de ocupação que o reivindicam e que por isso mesmo são sempre precárias, parciais, inconsistentes, iterativas, anacrônicas, absurdas, transformativas, desastrosas, temerárias, indeterminadas, incipientes, ficcionais, mágicas, ruidosas, inoportunas, profanadoras, metamórficas, coreográficas, parasitárias, errantes, anímicas, performativas e sempre políticas: todas as práticas que, reivindicando o chão, abrem espaço para a cidade sem forma.

Notas

1 PAZ, Octavio. *O desconhecido de si mesmo*. Lisboa: Iniciativas Editoriais, 1980, p. 18.

2 HABERMAS, Jürgen. "Arquitetura moderna e pós-moderna", *Novos Estudos CEBRAP*, n. 18 (set., 1987), p. 123.

3 STENGERS, Isabelle. "'Another Science is Possible!' A Plea for Slow Science" in _____. *Another Science is Possible. A Manifesto for Slow Science*. Cambridge: Polity Press, 2018, passim.

4 STENGERS, Isabelle. "Accepting the reality of Gaia: a fundamental shift?" in HAMILTON, C., GEMENNE, F., BONNEUIL, C. (orgs.). *The Anthropocene and the Global Environmental Crisis: Rethinking modernity in a new epoch*, 2015, p. 134-44; "Reclaiming Animism", *e-flux Journal*, n. 36 (July, 2012).

5 GUMBRECHT, Hans U. *Modernização dos sentidos*. São Paulo: Editora 34, 1998.

6 SMITHSON, Robert. "Quasi-Infinities and the Waning of Space", *Arts Magazine*, v. 41, n. 1 (Nov., 1966), p. 31.

7 SMITHSON, Robert. "A Museum of Language in the Vicinity of Art", *Art International*, v. 12, n. 3 (Mar., 1968), p. 23.

8 SMITHSON, Robert. "Incidents on Mirror Travel in the Yucatan", *Artforum*, v. 8, n. 1 (Sept., 1969), p. 30.

9 OWENS, Craig. "Earthwords", *October*, v. 10 (Fall, 1979), p. 120-130.

10 KOSELLECK, Reinhart. *Futuro passado: contribuição à semântica dos tempos históricos*. Rio de Janeiro: Contraponto; Ed. PUC-Rio, 2007.

11 FOUCAULT, Michel. *As palavras e as coisas*. São Paulo: Martins Fontes, 1999, p. 300.

12 KOOLHAAS, Rem. "Junkspace", *serrote* #9 (nov., 2011), p. 195-211.

13 SMITHSON, Robert. "A Sedimentation of the Mind: Earth Project", *Artforum*., v. 7, n. 1 (Sept., 1968), p. 46.

14 ARENDT, Hannah. *Entre o passado e o futuro*. São Paulo: Perspectiva, 1988.

15 PÁL PELBART, Peter. *Rizoma temporal*. São Paulo: Escola da Cidade, 2017.

16 *Dicionário etimológico Nova Fronteira da língua portuguesa*. Rio de Janeiro: Nova Fronteira, 1982, p. 211.

17 EISENMAN, Peter. "Three Texts for Venice", *Domus*, n. 611 (Nov., 1980), p. 9.

18 FRIED, Michael. "Art and objecthood", *Artforum*, v. 5, n. 10 (Summer, 1967), p. 12-23.

19 Para Smithson, o problema da crítica de Fried não estava em problematizar uma arte contemporânea que ele, não sem razão, via cada vez mais capturada pela "presença" e pelo "presente" (em suas palavras, por um presente que "persiste no tempo"), senão em supor que a única linha de fuga possível era a que levava a uma "presentidade" que, como Smithson prontamente denunciou, era muito mais religiosa do que propriamente estética. SMITHSON, Robert. "Letter to the Editor", *Artforum*, vol. 6, n. 2 (Oct., 1967), p. 4.

20 PLAGENS, Peter. "Los Angeles/Richard Serra", *Artforum*, v. 8, n. 8 (Apr., 1970), p. 86.

21 FRIED, Michael. "Interview" in NEWMAN, Amy. *Challenging Art: Artforum, 1962-1974*. New York: SoHo Press, 2000, p. 435.

22 Leia-se, para dezenas de coisas que a vanguarda dos anos 1960 não considerava como sendo "arte", por exemplo: ficção científica, filmes e literatura de horror, muzak, história natural, cristalografia e geologia, entre outros. SMITHSON, Robert. "Entropy and the New Monuments", *Artforum*, v. 4, n. 10 (June, 1966), passim.

23 Trato desse tópico no Capítulo 3.

24 Agradeço a Bruna Alvino por ter me chamado a atenção para esse aspecto dos mapas modernos.

25 SMITHSON, Robert. "Um passeio pelos monumentos de Passaic", Nova Jersey, *Arte & Ensaio*, n. 19 (2009), p. 167.

26 CERDÁ, Ildefonso. *La théorie générale de l'urbanization*. Paris: Éditions du Seuil, 1979.

27 DELEUZE, Gilles; GUATTARI, Félix. *Mil Platôs. Capitalismo e esquizofrenia*. São Paulo: Editora 34, 1995, p. 25.

28 FERREIRA DOS SANTOS, Carlos Nelson. *A cidade como um jogo de cartas*. Niterói: Eduff; São Paulo: Projeto Editores, 1988.

29 PRECIADO, Paul B. *Manifesto contrassexual*. São Paulo: n-1, 2017. HARAWAY, Donna, "A Cyborg Manifesto. Science, Technology, and Socialist-Feminism in the Late Twentieth Century" in *Simians, Cyborgs and Women. The Reinvention of Nature*. New York: Routledge, 1991, p. 149-181.

30 EISENMAN, Peter. "Separate Tricks" in _____. *Written into the Void. Selected Writings, 1990-2004*. New Haven: Yale University Press, 2007, p. 77.

31 DELEUZE, Gilles; GUATTARI, Félix. *Mil Platôs. Capitalismo e esquizofrenia 2 - Vol. 5*. São Paulo: Editora 34, 2012. "É preciso os dois [cidade e Estado] para operar a estriagem do espaço", p. 133-134.

32 A frase original é "um mapa é uma questão de performance". Destaco que, para Deleuze e Guattari, "mapa" é o oposto do que aqui é chamado de mapa. "Diferente é o rizoma, mapa e não decalque." DELEUZE, Gilles; GUATTARI, Félix. *Mil Platôs. Capitalismo e esquizofrenia*. São Paulo: Editora 34, 1995, p. 22. Isabelle Stengers também destacou esse aspecto crucial do rizoma: "[...] while connections *may* be produced between any parts of a rhizome, they also *must* be produced." STENGERS, Isabelle. "Reclaiming Animism", *e-flux Journal*, n. 36 (July, 2012). Itálicos da autora.

33 LATOUR, Bruno. "Why Has Critique Run out of Steam? From Matters of Fact to Matters of Concern", *Critical Inquiry*, n. 30 (Winter, 2004), p. 225-248.

34 STENGERS, Isabelle. "Reclaiming Animism", *e-flux Journal*, n. 36 (July, 2012).

5. Objeto impróprio, ou: Será mesmo que a arte contemporânea brasileira acabou?

... quando eu fiz as Inserções em circuitos ideológicos, *havia uma teoria do não-objeto mas de fato não havia um não-objeto. Porque, no que era chamado de não-objeto, o objeto ainda estava ali.*

Cildo Meireles[1]

... meu sangue pertence às águas, e não à brasilidade.

Castiel Vitorino[2]

I

1.

Publicado em dezembro de 1960, *Teoria do não-objeto* é, bem mais do que *Manifesto neoconcreto*, o texto que melhor define a estética neoconstrutivista de Ferreira Gullar. Se o *Manifesto*, publicado em março de 1959, marca uma tomada de posição histórica contra a "perigosa exacerbação racionalista" que Gullar via no concretismo paulista, *Teoria do não-objeto* vai claramente além: quer ser uma teoria geral da obra de arte tardoconstrutivista – a obra de arte que, segundo Gullar, não era senão o desdobramento lógico e coerente das vanguardas construtivas do início do século XX, notadamente construtivismo russo e *De Stijl*. De fato, Gullar afirma, "se Mondrian vivesse mais alguns anos talvez voltasse à tela em branco donde partira. Ou partisse dela para a construção no espaço, como o fez Malevich, ao cabo de experiência paralela". Noutras palavras, assim como Lygia Clark e Hélio Oiticica, Mondrian teria se engajado na "evolução coerente do espaço representado para o espaço real".[3]

Minha intenção com o que segue não é esmiuçar a leitura e, sobretudo, o aproveitamento teórico que Gullar faz da tradição construtivista – o uso que faz notadamente das noções de espaço e ambiente dela extraídas. Meu propósito é mais específico: quero explorar as distinções entre o conceito de não-objeto de Gullar e outra noção central da arte dita "contemporânea" (isto é, a arte que em tese sucede historicamente e de algum modo supera os limites da arte moderna), também ela centrada na questão do objeto. Refiro-me à noção de "objetos específicos", proposta em 1965 (ou seja, cerca de cinco anos depois da publicação de *Teoria do não-objeto*) pelo crítico e artista minimalista estadunidense Donald Judd.

Confrontar essas duas formulações me parece de antemão produtivo. De um lado porque, de par com outros textos fundadores do espaço (físico, institucional, discursivo) contemporâneo – *Esquema geral da nova objetividade*, de Hélio Oiticica, de 1967, *A desmaterialização da arte*, de Lucy R. Lippard e John Chandler, de 1968, e *Antiform*, de Robert Morris, também de 1968, entre outros – a formulação de Judd está ligada, assim como a de Gullar, à percepção de que, nas palavras de Judd, "metade ou mais do melhor novo trabalho [*best new work*] dos últimos anos não é nem pintura nem escultura".[4] A percepção de Judd é muito semelhante – quase idêntica – à de Gullar, em cujas palavras "a pintura e a escultura atuais convergem para um ponto comum, afastando-se cada vez mais de suas origens. Tornam-se objetos especiais – não-objetos – para os quais as denominações de pintura e escultura já talvez não tenham muita propriedade". Desse ponto de vista, as concepções de "não-objeto" e "objetos específicos" teriam, em parte pelo menos, um núcleo comum: o fato de pôr em xeque, e no limite cancelar, a distinção convencional entre os dois gêneros nucleares da categoria "artes plásticas" – pintura e escultura.

O suposto parentesco entre as formulações de Judd e Gullar ganha um interesse adicional quando, a partir sobretudo dos anos 1990, alguns dos principais expoentes do neoconcretismo (a começar por Hélio Oiticica e Lygia Clark) são alçados à posição de estrelas maiores de uma arte contemporânea cada vez mais globalizada.

É nesse contexto que – para lançar mão da expressão de Gullar – os "objetos especiais" de Clark e Oiticica passam a ser vistos não apenas como protagonistas do "contemporâneo", mas também como seus precursores.[5] Alguns intérpretes foram mesmo além. Para eles, *Bichos* e *Trepantes*, *Parangolés* e *Ninhos* não teriam apenas antecedido em alguns anos manifestações tidas como propriamente contemporâneas (em especial, o minimalismo e pós-minimalismo)[6]; teriam supostamente atingido – e justamente no que toca à questão da objetidade – um estágio jamais alcançado por essas manifestações. Como destaco no Capítulo 1, entre os arautos dessa visão está Guy Brett – um pioneiro na promoção internacional da obra de Oiticica. No texto que publicou em *Lygia Clark*, suntuoso catálogo da exposição que, entre 1997 e 1999, percorreu alguns dos principais centros de arte moderna e contemporânea europeus, Brett argumentou que, se existem pontos em comum entre os trabalhos de Clark e seus pares minimalistas e pós-minimalistas, tal parentesco se dá "em termos puramente escultóricos" (noutras palavras, em termos puramente *objetuais*). O paralelismo, para Brett, terminava contudo aí: enquanto as obras de Morris, Serra e Hesse estariam (alegadamente) presas à tradição escultórica – sendo por isso mesmo essencialmente "objetos para a vista" –, as de Clark, assim como as de Oiticica, não teriam, em suas palavras, nem "existência nem significado sem o suporte e a manipulação do ser humano". Eloquentemente, a leitura de Brett reproduz quase que literalmente um dos argumentos centrais de *Teoria do não-objeto*, segundo o qual

> O não-objeto reclama o espectador (trata-se ainda de um espectador?), não como testemunha passiva de sua existência, mas como a condição mesma de seu fazer-se. Sem ele, a obra existe apenas em potência, à espera do gesto humano que a atualize.[7]

Mas comparar as formulações de Gullar e Judd tem um interesse adicional. Porque, se até onde sei, Gullar nunca se ocupou da obra, que dirá dos escritos, de Judd (como ocorre com a maioria dos críticos e comentadores brasileiros de sua geração, as referências de Gullar vêm majoritariamente da Europa, sobretudo da França), Judd em pelo menos uma ocasião deixou claro seu desinteresse (e "interesse", como veremos adiante, é uma categoria central na reflexão de Judd) pelo trabalho que, como poucos outros, simboliza a arte neoconcreta – justamente, os *Bichos* de Lygia Clark. O juízo de Judd é, como de costume, áspero; em suas palavras, "a ideia é inteligente. O estilo é um construtivismo habilidoso ordinário".[8]

Não é preciso ir muito longe para localizar, em parte pelo menos, os fundamentos do desinteresse de Judd pelo neoconstrutivismo "habilidoso" e "ordinário" de Clark. Na famosa entrevista que Frank Stella e ele deram a Bruce Glaser em fevereiro de 1964, Judd explicitou o desprezo que nutria pela herança construtivista. Em suas palavras, toda a pintura geométrica europeia contemporânea não passava "de um desenvolvimento contínuo dos anos 1930".[9] E era justamente isso o que a tornava tão desinteressante: na prática, jamais se libertava "das qualidades da pintura geométrica europeia" do início do século, em especial, o atávico apego que mantinha com a ordem compositiva, vale dizer, o velho hábito de relacionar partes em função de um senso geral de equilíbrio: "você faz algo num canto [da tela] e contrabalança isso com alguma coisa no outro canto da tela".[10]

Pode-se dizer, nesse sentido, que as divergências entre Gullar e Judd quanto à "evolução coerente" (Gullar) ou "desenvolvimento contínuo" (Judd) da tradição construtiva não são de percepção, mas de valor: ali onde o primeiro vê atualidade, virtude e potência, o segundo vê atavismo, inadequação e desinteresse. Aos olhos de Judd, de resto, tais deficiências não se restringiam ao domínio do artístico. Ao pretender dar continuidade à herança construtivista, toda aquela arte (na jocosa definição de Stella, toda aquela "espécie de escola pós-Max Bill") não fazia outra coisa senão reproduzir "todas as estruturas, valores, sentimentos de toda a tradição europeia". E era justamente aí que, segundo Judd, radicava sua insuperável inadequação: ao fazer isso, essa arte apenas se comprometia com "um certo tipo de pensamento e de lógica bastante desacreditado hoje como um modo de descobrir como o mundo é". Por essa razão, Judd conclui, "não me importaria nada se tudo isso descesse ralo abaixo".[11]

*

O desejo de "descobrir como o mundo é" não era uma preocupação exclusiva de Judd. Se havia algo central na *Teoria do não-objeto*, era de fato um inabalável compromisso com o conhecimento – mais especificamente com o que Gullar denomina "conhecimento fenomenológico". Gullar deixa isso claro já no parágrafo de abertura de *Teoria do não-objeto*. "A expressão não-objeto", diz ele,

> não pretende designar um objeto negativo ou qualquer coisa que seja o oposto dos objetos materiais com propriedades exatamente contrárias desses objetos. O não-objeto não é um antiobjeto mas um objeto especial em que se pretende realizada a síntese de experiências sensoriais e mentais: um corpo transparente ao conhecimento fenomenológico, integralmente perceptível, que se dá à percepção sem deixar resto. Uma pura aparência".[12]

A fala inicial de Gullar não apenas antecipa e sintetiza boa parte dos argumentos e teses que irá apresentar em seguida; explicita, logo de saída, a natureza do conhecimento que o autor tem em mente: em seu horizonte está a verdade – mais especificamente, uma verdade estética à qual o conhecimento fenomenológico, e só ele, teria eventualmente acesso. Indo além da verdade conceitual (acessível e afeita à razão crítica, ao "pensamento como *logos*"),[13] ela se traduz aqui na ideia de "pura significação" – uma espécie de estado mental no qual a "contradição sujeito-objeto" (contradição que, nas palavras de Gullar, está no "cerne de todo conhecimento humano, de toda experiência humana e, particularmente, na realização da obra de arte")[14] seria finalmente superada. No conhecimento fenomenológico, nessa "síntese de experiências sensoriais e mentais", o edifício transcendental ocidental encontraria, finalmente, a possibilidade de superação de seu trauma de origem – a separação de sujeito e objeto. Não por acaso, o conhecimento fenomenológico aludido por Gullar ganha, na *Teoria do não-objeto*, traços não apenas epifânicos (um dos predicados centrais do conceito moderno de experiência estética)[15] mas também arcaizantes. No conhecimento fenomenológico, o sujeito do conhecimento estético encontraria, segundo Gullar, nada menos do que a possibilidade de "reencontrar a experiência primeira do mundo" – experiência por isso mesmo redentora, na qual sujeito e objeto são, uma vez mais, um só ente, um só corpo, uma só verdade.

A insistência de Gullar de que não-objetos seriam um "corpo transparente" (em oposição à "opacidade de coisa" que caracterizaria o que Gullar denomina os "quase objetos")[16] não é fortuita. Como argumenta Jacques Derrida, a ideia de transparência é, de fato, um dos elementos essenciais da ideia (e além dela, do ideal) de "pura significação", na qual

> não apenas o significante e o significado parecem se unir mas, nessa confusão, o significante parece se apagar ou se tornar transparente, para deixar o conceito se apresentar ele próprio, como aquilo que é, não remetendo a nada mais do que à presença.[17]

O gesto estético criador seria, nessa perspectiva, aquele que, ao tornar transparente o significante (nos termos de Gullar, ao torná-lo "pura aparência"), lograria elevar o que se encontrava até então no nível conceitual até o nível estético. Um exemplo recorrente disso seria, segundo Gullar, a criação de uma natureza morta:

> Ao representar aqueles objetos cotidianos, o artista caminha do nível conceitual em que eles usualmente se encontram para o nível estético, onde uma nova significação, não conceitual, emerge deles: a significação imanente à forma.[18]

O que em última instância se operava nessa passagem não era, portanto, uma mera transformação, senão uma verdadeira transfiguração, apta a retirar do objeto sua dimensão propriamente objetual.[19] De fato, afirma Gullar, "o artista que o representa [o objeto real] na tela consegue desligá-lo das relações conceituais – transfigurando-o, na forma, na cor, na situação espacial". É também nesse sentido que se deve entender a ideia de "corpo transparente": transparente porque não opaco e, assim, livre da objetidade própria dos meros objetos cotidianos.

*

Compreensivelmente, a passagem do "nível conceitual" (no qual os objetos cotidianos usualmente se encontram) até o "nível estético" – e com ela, a transfiguração de objeto em não-objeto – havia se tornado especialmente elusiva em práticas artísticas que, como era o caso do minimalismo, geravam objetos que, à primeira vista pelo menos, pareciam se confundir com meros objetos cotidianos (não estéticos, portanto).

A esse respeito, aliás, Gullar e Judd pareciam estar uma vez mais alinhados: tanto "não-objeto" quanto "objetos específicos" não se confundiam absolutamente com meros objetos cotidianos; eram, em ambos os casos, objetos *extra*-ordinários. Significativamente, tanto Judd quanto Gullar estabelecem a excepcionalidade categórica de seus objetos extraordinários por oposição àquilo que efetivamente *não* eram nem poderiam ser: objetos ordinários. A primeira definição de não-objeto proposta por Gullar em sua *Teoria* não poderia ser mais explícita a esse respeito. Em suas palavras,

> [...] é preciso primeiro saber o que entendo aqui por objeto. Entendo aqui por objeto a coisa material tal como se dá a nós, naturalmente, ligada às designações e aos usos cotidianos: a borracha, o lápis, a pera, o sapato etc. Nessa condição, o objeto se esgota na referência de uso e de sentido. Por contradição, podemos estabelecer uma primeira definição do não-objeto: o não-objeto não se esgota nas referências de uso e sentido porque não se insere na condição do útil e da designação verbal.[20]

E, no entanto, é justamente aqui que as formulações de Gullar e Judd inapelavelmente se separam. Não porque Gullar tenha supostamente extraído, assim como Judd, sua definição de não-objeto "por contradição" aos objetos de uso cotidiano, mas justamente por *não* fazê-lo, ou seja, por optar por contrapor o "não-objeto" (noção que Gullar emprega quase que exclusivamente no singular, vale dizer abstratamente, em *Teoria do não-objeto*)[21] não propriamente aos objetos cotidianos eles mesmos (*esta* borracha, *este* lápis, *esta* pera, *este* sapato) mas a um determinado *conceito* de objeto – conceito segundo o qual o "objeto se esgota na referência de uso e de sentido".

O procedimento de Judd não poderia ser mais diverso: em vez de partir de um determinado conceito de objeto, Judd voltou sua atenção para os objetos eles mesmos: não apenas para os objetos que compunham o "novo trabalho tridimensional"[22] – todas aquelas coisas que, semana após semana, desde o final dos anos 1950, ele via surgir nas galerias nova-iorquinas, e que não se pareciam nem com esculturas nem com pinturas – mas todos os objetos, artísticos e não artísticos.

Foi um longo caminho, no qual a crítica de arte – atividade que Judd exerceu regularmente por cerca de cinco anos até publicar, em 1965, *Objetos específicos* – desempenhou um papel fundamental.

2.

Uma leitura atenta dos escritos de Judd deixa claro que foram de fato necessárias centenas de resenhas críticas até que Judd chegasse, em 1965, a sua descrição dos "objetos específicos" (porque *Objetos específicos* é basicamente uma *descrição* do novo trabalho, em contraste com a *teoria* gullariana do não-objeto).

Ter feito crítica como um "mercenário" (como alegou certa vez Judd)[23] foi de fato uma vantagem; ajudou Judd a despojar a crítica de arte de seu congênito excepcionalismo. Lendo as resenhas de Judd, percebe-se que, ao fim e ao cabo, a crítica de arte consiste (ou, pelo menos, pode consistir) em olhar atentamente para determinados objetos e descrevê-los a suas leitoras. Ocorre que, no início dos anos 1960, esses objetos vinham se tornando cada vez mais intrigantes, notadamente no que diz respeito ao contraste que mantinham (ou pelo menos deveriam manter) com relação aos objetos ordinários.

O esforço para dar conta da objetidade do novo trabalho acabou se tornando o elemento central da empreitada crítica de Judd. Não apenas porque, como confidenciou a seus leitores, ele simplesmente não dispunha de ferramentas conceituais que dessem conta daqueles objetos (sobre as esculturas de Claes Oldenburg, afirmou em setembro de 1964:

"Eu acho o trabalho de Oldenburg profundo. Eu acho muito difícil explicar por quê")[24], mas sobretudo porque – como afirmou sobre as pinturas de Roy Lichtenstein – "algo precisa claramente ser arte".[25]

O esforço de Judd em distinguir o novo trabalho dos objetos comuns chega ao ápice no inverno norte-americano de 1964, quando Judd se depara com um evento – como ele rapidamente se dá conta – verdadeiramente extraordinário: a exposição *Black, White and Gray*.[26] Entre as centenas de exposições que Judd visitou e resenhou até o final de 1965 (i.e., quando publica *Objetos específicos*), esta foi a que maior impacto teve sobre ele.

Como Judd afirma no primeiro parágrafo de sua resenha, *Black, White and Gray* era de fato um evento sem precedentes. A exposição marcava o advento de uma atitude que, segundo ele, "jamais foi objeto de uma exposição em um museu". Judd estava visivelmente intrigado com os objetos exibidos; aparentemente, eles eram "quase nada" [*next to nothing*] – a ponto de "você se perguntar por que alguém construiria algo que mal está presente [*barely present*]. Não há nada para ver". O fato de terem sido "propositadamente construídos" [*purposively built*], mais especificamente, construídos como objetos de arte, era realmente intrigante. E a conclusão que Judd tirava disso era:

> As coisas que existem, existem, e tudo está do seu lado. Elas estão aqui, o que é bem intrigante. Não se pode dizer nada das coisas que não existem. As coisas existem do mesmo modo se tudo isso é levado em conta [...]. Tudo é igual, apenas existindo, e os valores e interesses que essas coisas têm são meramente acidentais. [27]

Sob essa ótica, o problema com aqueles objetos era precisamente este: eles acintosamente contradiziam aquilo que, nos termos da tradição estética moderna, fora sempre tomado como um princípio axiomático: objetos de arte não eram apenas *conceitualmente* diferentes dos objetos ordinários, mas também *visivelmente* diferente deles. De acordo com essa distinção fundamental, *Black, White and Gray* era de fato desconcertante: a maioria dos trabalhos expostos *visivelmente* desafiava esse axioma. Os trabalhos de Morris, em particular, sintetizavam o que Judd descrevia como "a visão achatada e não hierárquica da exposição":

> O trabalho de Morris implica que tudo que existe, existe do mesmo modo por existir do modo mais mínimo [*the most minimal way*], mas sendo visivelmente arte, construído propositadamente, sem utilidade e não identificável. Ele estabelece o mínimo denominador comum; é arte, o que, supõe-se, deve existir de modo mais claro e importante, mas mal existe [*barely exists*]. Tudo é apanhado no intervalo e achatado. [...] A importância da arte é estendida a todas as coisas, a maioria das quais é parca [*slight*], ordinária e não considerada. Você é obrigado a considerar as coisas ordinárias e perguntar o que afinal é importante na arte. [28]

A conclusão de Judd era a de que "esses fatos da existência são tão simples quanto inexoráveis – como também o são os objetos de Morris. Eu preciso de mais para pensar e para olhar". [29]

O modo como Judd procedeu desse ponto em diante indica a que ponto ele estava alinhado com a arte exposta em *Black, White and Gray*. Confrontado com coisas que desafiavam o antigo modelo hierárquico da arte – isto é, o preceito segundo o qual objetos de arte deveriam existir de modo mais claro e importante, em vez de *mal existirem* – Judd não buscou apoio na filosofia da arte. Não havia sentido em fazê-lo. Até onde podia perceber, a tradição filosófica europeia (em particular, aquilo que ele denominava "a filosofia racionalista")[30] era adequada e apenas adequada à arte europeia – justamente uma arte que expressava "um certo tipo de pensamento e de lógica bastante desacreditado hoje como um modo de descobrir como o mundo é".[31] Em vez disso, Judd pediu mais – "mais para pensar e para olhar".

Ele não teria de começar do zero, contudo: *Black, White and Gray* tinha lhe ensinado algumas coisas importantes sobre "como o mundo é" – notadamente isto: no "modo mais mínimo", tudo o que existe, existe igualmente. Uma das peças de Morris atestava isso. *Slab* era de fato "quase nada" e "mal estava presente"; e, no entanto, *Slab* tinha boa parte das qualidades que Judd acreditava serem essenciais para a arte. Era, afinal, propositadamente construída, sem utilidade e não identificável. E era construída para existir de modo mais claro e importante do que objetos comuns. De resto, *Slab* não era apenas arte como ideia (como era o caso da maioria dos trabalhos na exposição anterior de Morris, que eram "mais específicos e complexos *como ideias*")[32] mas, de fato, *interessante de ver* – bem mais interessante de ver, aliás, do que os três outros trabalhos de Morris expostos em *Black, White and Gray*.

Mas por que, exatamente, *Slab* era interessante de ver? Com essa questão em mente, Judd voltou sua atenção não apenas para o novo trabalho tridimensional, mas também para as coisas ordinárias, a maioria das quais, ele argumentava, era "não considerada".

Mas Judd não se restringiu a olhar para as coisas ordinárias e se perguntar o que era importante *para a arte*.

Compreender o que era importante para a arte pressupunha se perguntar o que era importante para as coisas ordinárias também – notadamente, o que tornava objetos ordinários... ordinários. E a conclusão de Judd – à qual ele chegou alguns meses depois, visitando uma exposição de Claes Oldenburg – foi esta: todas as contas feitas, objetos ordinários não eram ordinários. Como de costume, Judd verbalizou seu achado do modo mais cru e direto possível: "nenhuma coisa feita é completamente objetiva, puramente prática e está meramente presente".[33]

Esse era de fato um grande achado (eloquentemente, Judd iria inserir essa frase, sem qualquer edição, em *Objetos específicos*), o achado que até o verão de 1964 faltava à formulação de Judd sobre o novo trabalho tridimensional – todas aquelas coisas que não apenas não se pareciam nem com pintura nem com escultura, mas que tampouco se pareciam com meros objetos reais.

Poucos meses depois, na resenha que escreveu sobre a exposição *Twentieth Century Engineering*, realizada no Museu de Arte Moderna de Nova York (MoMA), Judd refraseou seu achado: "Até recentemente, arte era uma coisa e todas as outras coisas eram outra coisa. Essas estruturas são arte, como tudo mais que é feito. As distinções têm de ser feitas tendo como base essa suposição".[34]

As consequências potenciais dessa formulação eram de fato enormes. Por séculos, fazer arte pressupunha fazer objetos *extra*-ordiários – objetos feitos para "existir de modo mais claro e importante" do que objetos ordinários; objetos que, para citar Gullar, transcendiam o "nível comum"[35] no qual as coisas comuns existiam e alcançavam o "nível estético". Em certa medida, os *ready-mades* de Duchamp não tinham alterado essa distinção hierárquica. É bem verdade que sua qualificação como "arte" deixara de depender de transformações físicas, passando em vez disso a depender (com atestava a *Fonte* de Duchamp) de meros "performativos"[36] – no caso, o performativo por força do qual um urinol deixava de ser um mero objeto cotidiano e se transformava em um (não-) objeto de arte. Dito isso, assim como os objetos artísticos convencionais, os *ready-mades* de Duchamp eram ostensivamente "feitos" – e feitos para existir de modo mais claro e importante do que haviam sido até aquele momento. Era este, aliás, o verdadeiro significado dos performativos em sua origem: comprovavam sua capacidade de transfigurar objetos comuns sem a necessidade de transformá-los materialmente. E como destacou Thierry de Duve, desde que a *Fonte* de Duchamp foi exibida pela primeira vez, "ninguém foi capaz de remover dela o rótulo onde se lê: isto é uma obra de arte".[37]

Os objetos de Morris eram diferentes. Eles *mal estavam presentes* e eram *visivelmente quase nada*. E, no entanto (na medida em que eram propositadamente construídos, sem utilidade e não identificáveis; construídos para existir de modo mais claro e importante do que objetos ordinários – numa palavra, construídos como arte), eles não se limitavam a reivindicar o status institucional de "arte". Eram, de fato, *interessantes de ver*; interessantes de um modo que nem a pintura nem a escultura tradicionais eram. Daí, precisamente, seu aspecto paradoxal: como podiam ser eles *extra-ordinários* se pareciam tão ostensivamente ordinários?

Mas esse era um paradoxo somente se se aceitava o velho modelo hierárquico da arte – isto é, não apenas o preceito de que obras de arte deveriam ser *mais* que objetos ordinários, mas também e sobretudo o princípio axiomático segundo o qual objetos ordinários eram de fato *ordinários*, vale dizer, desprovidos dos atributos que, de acordo com a tradição, caracterizavam os objetos artísticos – todos aqueles elementos que, no fim das contas, convertiam "meras coisas reais"[38] em objetos artísticos (ou, para falar como Gullar, convertiam objetos em "não-objetos").

E, no entanto, Judd se deu conta, bastava olhar atentamente para os objetos ordinários para se dar conta de que, em sua maioria, eles *já* eram de fato *extra*-ordinários. Parafraseando Judd, eles não eram nem completamente objetivos, nem puramente práticos, nem meramente presentes. Em certo sentido, portanto, eles já eram arte – apenas não boa arte, não arte interessante.

Fazer arte interessante; fazer objetos que fossem interessantes de um modo que os objetos ordinários não eram, requeria nesse sentido não *adicionar* mas ao contrário *impedir* que elementos inoportunos, por assim dizer *artescos*, sobrecarregassem e assim comprometessem os objetos – a começar pelos elementos que, nos termos da tradição europeia, eram tidos como essenciais à arte – notadamente, composição. E, a partir do momento em que os objetos se livravam desses elementos, aumentava muito a chance de adquirirem qualidades que nem a arte europeia recente (a geométrica inclusive) nem os objetos comuns possuíam – precisamente as qualidades que permitiam que eles se tornassem "específicos" e "interessantes". E era exatamente isso o que Morris tinha conseguido fazer: ele tinha produzido objetos que diferiam não apenas dos objetos de arte convencionais, mas também dos objetos comuns.

Eram esses objetos de fato *quase nada* e *mal estavam presentes*? Em certo sentido, sim. Mas era exatamente isso o que a arte meramente presente significava. Em um mundo no qual os objetos de algum modo já transcendiam a mera objetidade, a tarefa da arte era, em parte pelo menos, produzir objetos que, em vez de transcendentes, mal estavam presentes, e que assim logravam ser de fato específicos e interessantes.

3.

A hipótese de que objetos de arte podiam ser meramente "interessantes" e, portanto, desprovidos das qualidades supostamente essenciais a uma experiência estética autêntica era – muito previsivelmente – algo escandalosa em meados dos anos 1960. Justificadamente, ela está na origem de um dos eventos mais conhecidos da história do "contemporâneo": a publicação no verão norte-americano de 1967 de "Arte e objetidade" – verdadeira declaração de guerra lançada por Michael Fried contra o minimalismo.

Trazer esse evento para nossa discussão é tudo menos arbitrário. Não apenas porque Fried simplesmente não conseguia aceitar a hipótese de que a noção de experiência estética pudesse ser concebida como algo "meramente interessante", mas também porque, como alegou em "Arte e objetidade", se havia algo que distinguia, de um lado, o minimalismo e, de outro lado, a arte que ele vinha promovendo desde o início dos anos 1960, era isto: diferentemente do minimalismo, esta última não abria mão da missão de "superar ou suspender sua objetidade".[39] Em outras palavras, e para lançar mão do vocabulário de Gullar, se o minimalismo não contava como arte (como Fried alegava), isso se devia à sua incapacidade de transformar/transfigurar objetos em não-objetos.

Para Fried, de resto, essa incapacidade afetava uma dimensão muito mais ampla e importante: a ordem espaço-temporal que, segundo ele, caracterizava a realidade ordinária. Segundo Fried, era este, de fato, o grande pecado do minimalismo: a incapacidade de (e além dela, o total desinteresse em) transformar "presença" (o estado no qual, alegadamente, todos nós, querendo ou não, ordinariamente vivíamos) em "presentidade" – estado que Fried associava à condição extática, quase religiosa, de "graça".

Na verdade, Fried argumentava, os objetos minimalistas funcionavam de modo inverso: dado que, em suas palavras, eles requeriam do observador "atenção contínua dirigida ao objeto" (isto é, ao objeto *como objeto*), eles na prática bloqueavam a capacidade, supostamente inata e universal, de, diante de objetos de arte autênticos, a observadora evadir o domínio ordinário da "presença" e alcançar o domínio transcendente, superior da "presentidade" (donde precisamente o argumento de que o minimalismo não era apenas *indiferente*, mas estava de fato "em guerra" com a presentidade). Para Fried, isso não constituía apenas um defeito do minimalismo mas, em última instância, sua inegável perversidade, na medida em que subvertia nada menos do que a razão de ser mesma da arte, cuja função, insistia Fried, era nos livrar a todos dos limites impostos pela realidade ordinária, e abrir as portas para uma realidade superior, repleta de "graça".

Compreensivelmente, a experiência estética concebida e advogada por Fried não se limitava à ideia de prazer estético, mas compreendia a suposta capacidade de dar acesso a um modo excepcional de conhecimento, por meio do qual os sujeitos estéticos seriam capazes de, instantaneamente, no epifânico decurso da experiência estética, perceber e saber "tudo". É isso, exatamente, o que Fried afirma em uma das passagens mais dramáticas de "Arte e objetidade". Em suas palavras:

> É essa presentidade contínua e plena, equivalente, por assim dizer, à criação perpétua de si mesma, que experimentamos como um tipo de instantaneidade; como se fôssemos infinitamente mais acurados, um único e infinitamente breve instante fosse longo o suficiente para ver tudo, para experimentar o trabalho em toda a sua profundidade e integridade, para ser para sempre convencidos por ele. (Cabe notar aqui que o conceito de interesse supõe a temporalidade na forma de uma atenção contínua dirigida ao objeto, o que não ocorre com o conceito de convicção.) Quero afirmar que é por força de sua presentidade e instantaneidade que a pintura e a escultura modernistas derrotam o teatro.[40]

Evidentemente, aos olhos de Fried uma experiência tão excepcional e iluminadora não poderia ser suscitada por objetos que *mal estavam presentes* e eram *quase nada* – objetos que, como o próprio Judd admitia, eram meramente "interessantes". Muito ao contrário, tal experiência só podia ser gerada por objetos (na verdade, não-objetos) poderosos o suficiente para gerar no fruidor uma "contínua e plena" e "perpétua" "convicção dominadora" (*compelling conviction*).

O argumento de Judd se baseava numa concepção inteiramente diferente do antagonismo ordinário/mundano *vs* extraordinário/transcendente. Uma arte meramente presente, julgava ele, fazia bem mais do que simplesmente reter (conforme Fried alegava) o observador no domínio ordinário da "presença"; tinha, em vez disso, o poder de fazer o observador acessar o domínio da mera presença. Em outras palavras, tinha o poder de impedir o observador de ser – inadvertida, sub-repticiamente – projetado em uma realidade que, contrariamente ao que dizia o senso comum, já era repleta de objetos extra-ordinários, vale dizer, desinteressantes e inespecíficos.

Uma realidade sobrecarregada – para lançar mão do vocabulário empregado por Judd e Stella na entrevista de 1964 – por objetos *aborrecidos, espalhafatosos, delicados, arrumados, enganosos, organizados, complicados, relacionais, balanceados, compositivos* e, por conta de tudo isso, *não específicos*.[41] Ora, se a arte era também "um modo de descobrir como o mundo é", então talvez nenhuma arte fosse mais oportuna e interessante do que uma arte que nos fazia perceber que aquilo que julgávamos ser o mundo ordinário era tudo menos ordinário. Uma arte que nos fazia ver que, contrariamente ao que afirmava Fried, nós simplesmente *não* somos "literalistas na maior parte de nossas vidas,"[42] muito pelo contrário.

Afirmar que Fried simplesmente não foi capaz de compreender as ideias de Judd sobre arte meramente presente é insuficiente, portanto. Porque mais até do que desvirtuar seu significado, Fried jamais foi capaz de aceitá-las. Isso fica explícito numa resenha que Fried publicou, também em 1964, sobre o trabalho de Judd. Chamando a atenção para o fato de que, ao menos em seus escritos, Judd seguia promovendo trabalhos que "permaneciam no limite" – e apenas no limite – "de se transformar em objetos",[43] Fried confessava sua incapacidade de identificar como, exatamente, Judd escolhia entre "os objetos que admira e os que não admira". E sua conclusão era que

> [...] no geral, minha confusão saiu intacta da visita a esta exposição. Por um lado, há inúmeras qualidades de que, claramente, Judd gosta: retilinearidade geral, regularidade do pulso estrutural, jogo entre espaços positivos e negativos, espelhamentos estruturais de todo tipo. Mas, por outro lado, não é nada claro *por que* Judd valoriza essas qualidades; ou seja, sou incapaz de descobrir uma racionalidade

interna convincente para as decisões particulares de estilo e estrutura tomadas por Judd.[44]

Passados dois anos, Fried parecia bem menos ambivalente e sobretudo leniente não apenas com o trabalho de Judd, mas também com

> [...] certos artistas jovens para os quais todo e qualquer conflito entre o caráter literal do suporte e qualquer tipo de ilusão é intolerável, e para quem, consequentemente, o futuro da arte se encontra na criação de objetos que, além de qualquer outra coisa, são integralmente literais – e que, nesse sentido, *vão além* da pintura.[45]

Não demorou muito até que Judd percebesse e denunciasse a inépcia de Fried – como ele simplesmente era incapaz de compreender de que modo e por que o novo trabalho tridimensional era *tão* interessante e não, como Fried afirmava, "*meramente* interessante". Como Judd escreveu em 1969, "Arte e objetidade" era um texto simplesmente estúpido – como atestado pela "interpretação ignorante do uso que faço da palavra 'interessante'. Eu obviamente a emprego de um modo particular, mas Fried a reduz ao clichê 'meramente interessante'".[46]

4.

Eu acho difícil não associar *Teoria do não-objeto* e algumas das proposições centrais de "Arte e objetidade", em especial a defesa que Fried faz de uma presentidade estética que transcende o espaço e o tempo da vida e nos permite ver e compreender, instantaneamente, "tudo". Para ser justo com Gullar, suas formulações a esse respeito são ambivalentes. No que diz respeito ao espaço, ele afirma que "o não-objeto insere-se *diretamente* no espaço, do mesmo modo que um objeto". Ato contínuo, contudo, ele afirma que "aquela transferência estrutural do não-objeto, que o distingue do objeto, permite-nos dizer que ele *transcende* o espaço, e não por iludi-lo (como faz o objeto) mas por nele se inserir radicalmente".[47] E o mesmo pode ser dito da temporalidade do não-objeto. Por um lado, Gullar afirma que "a mera contemplação não basta para revelar o sentido da obra – e o espectador passa da contemplação à ação" (sugerindo com isso que essa ação se daria no tempo ordinário/histórico da vida, e não na intemporalidade da contemplação estética). Dito isso, contudo, ele afirma que "o espectador age, mas o tempo de sua ação não flui, não transcende a obra, não se perde além dela: incorpora-se a ela, e dura" – uma ideia, em parte pelo menos, alinhada com a suspensão temporal que Fried atribui a uma "presentidade contínua e plena, equivalente, por assim dizer, à criação perpétua de si mesma".[48]

Pode-se argumentar que o uso da palavra "transcende" alude, aqui, apenas à ideia de algo que *vai além* de uma determinada situação ou condição, e não necessariamente a algum tipo de transcendência de teor metafísico. A recorrente identificação que Gullar propõe entre "conhecimento fenomenológico" e "experiência primária do mundo" contradiz essa hipótese.

Julgo extremamente significativo, em todo caso, que quando, em 1967, propôs seu *Esquema geral da nova objetividade* – espécie de panorama geral da arte brasileira pós-neoconcreta – Hélio Oiticica tenha não apenas insistido nos "perigos metafísicos" suscitados por uma "arte dos sentidos", como também procurado explicitamente se afastar (tanto conceitual quanto historicamente) do transcendentalismo que identificava na "época neoconcreta" como um todo e mais particularmente na *Teoria do não-objeto*. De fato, afirma Hélio,

> [...] esse processo "realista" caracterizado por [Mário] Schenberg já se havia manifestado no campo poético, onde Gullar, que *na época neoconcreta* estava absorvido em problemas de ordem estrutural e na procura de "um lugar para a palavra", até *a formulação do "não-objeto", quebra repentinamente com toda premissa de ordem transcendental* para propor uma poesia participante e teorizar sobre um problema mais amplo, qual seja o da criação de uma cultura dos problemas brasileiros que na época afloraram.[49]

Em outras palavras, se até *Teoria do não-objeto* a ideia de participação tinha ainda de conviver, como propõe Gullar, com "premissa[s] de ordem transcendental", era chegada a hora – uma vez passada a "época neoconcreta" – de superar esse compromisso.

*

Afirmar que *Teoria do não-objeto* é atravessada por ambivalências e compromissos não significa necessariamente diminuir seu valor. Como argumento no Capítulo 1, um dos interesses do modo muito particular como se constitui no Brasil isto que temos chamado de "arte contemporânea brasileira"[50] é justamente a persistência de uma relação particularmente ambivalente com a tradição moderna.

Entre aqueles que reconheceram e mesmo saudaram essa espécie de ambivalência estrutural da arte contemporânea brasileira está, uma vez mais, Hélio Oiticica. Em *Brasil diarreia*, um de seus textos mais viscerais, publicado em 1970, Hélio argumentou justamente que, no Brasil pelo menos,

> [...] uma *posição crítica* implica inevitáveis ambivalências; estar apto a julgar, julgar-se, optar, criar, é estar aberto às ambivalências, já que os valores absolutos tendem a castrar quaisquer dessas liberdades; [...] o que não significa que não se deva optar com firmeza: a dificuldade de uma opção forte é sempre de assumir as ambivalências e destrinchar pedaço por pedaço cada problema. Assumir ambivalências não significa aceitar conformisticamente todo esse estado de coisas; ao contrário, aspira-se então a colocá-lo em questão. Eis a questão.[51]

Essas ambivalências são recorrentes na obra de Hélio Oiticica. Elas estão presentes na oscilação entre, de um lado, a defesa aberta (como ocorre em *Esquema geral da nova objetividade*) da necessidade de "criar uma base sólida para uma cultura tipicamente brasileira, com características e personalidade próprias", e de outro lado, a desconfiança (explicitada em *Brasil diarreia*) sobre "por que se precisa e se procura algo que 'guarde e guie' a cultura brasileira? E não veem que essa 'cultura' é já um conceito morto".[52] E estão presentes sobretudo no modo como Hélio lida com aquele que é talvez o ponto nevrálgico não apenas do neoconcretismo, mas de nossa epopeia moderna como um todo: o insuperável compromisso com a construtividade. Uma construtividade que, desde meados dos anos 1920, em suas múltiplas configurações,[53] sempre esteve no centro do doloroso percurso histórico que aos trancos e barrancos, bem ou mal, nos conduziu do modernismo ao moderno e do moderno ao contemporâneo. *Brasil diarreia* é de fato exemplar nesse sentido: se, por um lado, Hélio segue afirmando a necessidade de "construir", de assumir uma "posição construtiva", por outro lado, pergunta (a si mesmo?), desafiador: "quem ousaria enfrentar o surrealismo brasileiro?" – uma pergunta que, pela simples conjugação destes dois termos, "surrealismo" e "brasileiro", soa quase escandalosa a ouvidos moldados pela ideologia construtiva brasileira.

Nessa perspectiva, muito mais importante do que assinalar as supostas ambivalências e contradições da *Teoria do não-objeto* (ou de *Esquema geral da nova objetividade*) é tentar discernir, por exemplo, como exatamente uma geração que, nas palavras de um de seus maiores expoentes, Cildo Meireles, "cresceu, hegemonicamente, entre a *Pop Art*, em termos planetários, e no Brasil, o concretismo e sobretudo o neoconcretismo",[54] concebe e processa essas ambivalências; como, deixando eventualmente para trás uma renitente "vontade construtiva geral"[55] e com ela o compromisso – tácito ou explícito – com *intervenções construtivas* nas diversas etapas do nosso "desenvolvimento" moderno, passa a optar, como faz tão exemplarmente Cildo, por *inserções parasitárias e disruptivas* numa modernização com a qual, sobretudo a partir de 1964, já não é mais capaz de se identificar.

Uma vez mais, não se trata aqui de fazer o elogio da arte que porventura supera as ambivalências, os compromissos e as contradições do neoconcretismo e, no limite, da modernização conservadora que lhe é inerente (como ocorre com obras verdadeiramente relevantes, a produção de Cildo é atravessada por suas próprias contradições e compromissos), mas de investigar como, na prática, esse esforço de superação se dá. Dito de outro modo, em vez de buscar comprovar (ou desmentir, pouco importa) a tese de que, como quer Cildo, passados dez anos de sua publicação, "havia uma teoria do não-objeto mas de fato não havia um não-objeto", interessa identificar *de que modo* e *em que sentido*, exatamente, suas (supostamente não objetuais) *Inserções em circuitos ideológicos* divergiam não apenas do *conceito* de "não-objeto" de Gullar, mas sobretudo dos "não-objetos existentes" a que Gullar alude, mas que não chega propriamente a identificar, em sua *Teoria*.[56]

Sob essa ótica, algumas distinções importantes vêm à tona – a começar pela recorrente distinção que Gullar faz entre "obra" e "ação" – entre um espaço (estético-contemplativo) da obra e um espaço (político) da ação; entre o tempo que "não flui" da experiência estética e o tempo fluido da vida prática. Comparada ao excepcionalismo estético de Gullar, a agenda de Cildo parece de fato radicalmente diversa. Parece também mais árdua e, no limite, vã: se, por um lado, Cildo aposta, por meio do conceito de "circuito", no eventual cancelamento da distinção entre obra e ação (diferentemente de uma "obra", diz ele sobre suas *Inserções*, "aquilo só existe quando alguém estiver fazendo" – um fazer porventura diverso tanto do "manipular" quanto do "vestir" de, respectivamente, *Bichos* e *Parangolés*), por outro lado, tem plena consciência de que, ao fim e ao cabo, vai sempre findar derrotado. Como afirmou na entrevista que Manuela Muller e eu fizemos com ele em 2022, mesmo sendo as *Inserções* "um outro tipo de ação, que pressupõem essa coisa que se dispersa", e que, portanto, ressalta ele, "sempre me recusei a comercializar", Cildo tem plena consciência de que, inevitavelmente, elas "vão cair na mão de alguém ... É o mundo da arte".[57]

II

5.

Mas mal termino de escrever isso e me pergunto quão presas estão ainda essas questões à ideologia do "contemporâneo" – em especial, de uma "arte contemporânea brasileira" que não quer e talvez não possa mesmo performar outra coisa senão algum tipo de crise e, por meio dela, de superação dialética do "moderno", dos "limites do moderno", das "ambivalências do moderno" – numa palavra, e para citar Hélio mais uma vez, do "destino de *modernidade* do Brasil".[58]

E é por permanecer ainda demasiadamente presas a esse suposto destino de modernidade (assim como a afirmação de Mario Pedrosa de que o Brasil é um país condenado ao moderno, a menção de Hélio a esse suposto destino de modernidade soa para mim como uma espécie de maldição) que questões como essas que acabei de levantar parecem, à primeira vista pelo menos, tão fora de ordem, tão dessintonizadas com uma certa produção artística emergente hoje no Brasil. Uma produção à luz da qual essas questões parecem não apenas estranhas e irrelevantes, mas sobretudo capciosas. O que, afinal, poderiam significar os objetos "especiais" da arte (moderna e contemporânea) brasileira diante das incontornáveis urgências do presente?[59] Como não reconhecer nesses não-objetos as astúcias da ideologia construtiva brasileira e, com ela, a tentativa sempre renovada de transcendência, sublimação, recalcamento das violências estruturais da (não) sociedade brasileira?

"Corpo!", diz com incontida altivez o artista (ou o crítico, ou os dois) neoconcreto. Que corpo? Que corpos? Que "Korpo"?[60] – retorque, um pouco sem paciência, esse outre artiste.

Nesse sentido, talvez a principal pergunta a ser respondida por qualquer arte que ainda se queira "brasileira" (supondo que essa categoria ainda faz algum sentido) passa a ser agora esta: o que pode ser a herança de uma arte na qual as questões centrais da história social e política brasileira – a começar por um racismo e uma misoginia estruturais – ou não estão colocadas, ou estão colocadas de modo ambivalente?

Da capacidade de dar resposta a essa pergunta depende (não que isto seja *a priori* importante) a sobrevivência disso que temos chamado (e mais ainda celebrado, sobretudo depois do tão alardeado – e capitalizado![61] – sucesso global do neoconcretismo)[62] de "arte contemporânea brasileira" – notadamente, uma arte contemporânea brasileira na qual o neoconcretismo segue sendo considerado *a* pedra fundamental.[63]

Contrariamente ao que pode parecer, essa pergunta não está de antemão respondida. E aqui, uma vez mais, o minimalismo talvez sirva de referência. Pois se é verdade que, como lamentou Anne M. Wagner, "a marca registrada do minimalismo é sua objetidade: esse é o postulado básico, ao qual, não obstante a declarada objeção de [Tony] Smith ('Eu não estava fazendo um objeto'), tanto Morris quanto Fried resolutamente aderem", também é verdade, acrescenta Wagner, que "houve um momento em que o minimalismo podia ser definido de um modo diferente, quando a fantasia – mesmo a fantasia erótica – era uma palavra para a conta do observador" [*one word for the viewer's share*].[64] Não por acaso, esse outro minimalismo (que, pelo menos até o momento em que Wagner escrevia, em meados dos anos 1990, seguia obliterado pelas leituras objetuais, antieróticas e, portanto, eminentemente repressoras de Morris e Fried) tinha à sua frente duas mulheres: Lucy Lippard e Yvonne Rainer.

*

Haverá um outro neoconcretismo? Um neoconcretismo que vai além e eventualmente contradiz a autoimagem que, com enorme competência, o movimento fez de si mesmo e que, passados mais de sessenta anos da Primeira Exposição Neoconcreta, se mantém ainda hoje razoavelmente preservada:

justamente a imagem de um movimento que, para citar um de seus mais argutos e influentes intérpretes, "operou uma ruptura na sequência do desenvolvimento construtivo" brasileiro e "lançou as bases de uma arte contemporânea no Brasil"?[65] Talvez. Como afirmou Roberto Conduru, "talvez a arte produzida no Brasil nos últimos 70 anos, bem acolhida por instituições e agentes artísticos estrangeiros, possa ativar outras visões, sejam retrospectos ou proposições historiográficas".[66]

Há, contudo, obstáculos no caminho. Eles decorrem da ordem epistemológica que, do século XIX em diante, comanda e constrange – para parafrasear Judd – nossa capacidade de "descobrir como o mundo é". Dois desses obstáculos me parecem especialmente desafiadores.

O primeiro deles foi descrito pela filósofa Denise Ferreira da Silva. Ele decorre da vigência, no contexto da arte contemporânea global, do princípio da "diferença cultural". Segundo a autora, ao abordar (e supostamente enaltecer) práticas "pós-coloniais" do ponto de vista da diferença cultural, críticos e curadores globais têm por regra alijado expressões artísticas anticoloniais e antirracistas do domínio do "propriamente estético", tratando-as em vez disso como meros "espécimes etnográficos" (resultando, na prática, na neutralização de sua força a um só tempo estética e política).[67] Mas, repare-se: não se trata aqui de reiterar um conceito colonialista/neocolonialista de *propriamente estético* – antes, o contrário. Não por acaso, no centro da reflexão de Ferreira da Silva está a desconstrução do discurso "crítico" moderno, com destaque para seus postulados kantianos.[68] Entre as inúmeras contribuições da reflexão de Ferreira da Silva está, por isso mesmo, a perspectiva de sutura do corte epistemológico que separa "compreensão" e "ação" – como se sabe, um dos pilares do pensamento moderno (sobre o qual se assenta justamente a separação entre o *propriamente estético* e o *propriamente político*).[69]

Um segundo obstáculo é de ordem historiográfica. Assim como no caso anterior, trata-se aqui também de um conjunto de exclusões, neutralizações, interdições. Entre elas, destaco: (i) a exclusão da esfera do *propriamente histórico* de gêneros discursivos tidos como categoricamente estranhos ou incompatíveis com essa esfera – não apenas o mito e a lenda mas, sobretudo com o advento no século XIX do realismo moderno, o "ficcional"; (ii) a exclusão de ocorrências/fenômenos que, por algum motivo, não possuem os predicados básicos do conceito *propriamente histórico* de "evento" – notadamente, identidade, originalidade, causalidade, contextualidade. Não por acaso, em um dos textos centrais do pensamento decolonial, Saidiya Hartman sugere que, se uma outra história é possível, uma história que deixa de ser um privilégio daqueles a quem os arquivos reservaram registro, voz e no limite existência, ela irá possivelmente "perturbar o status do evento".[70]

*

Haverá outro neoconcretismo (e com ele, eventualmente, uma outra arte contemporânea brasileira)? Talvez. Suponho em todo caso que, se ele vier a existir, não virá por força de uma renovada adesão aos postulados ontoepistemológicos e políticos do *propriamente estético* e do *propriamente histórico*. Ao contrário, suponho que será o resultado de uma, de muitas insurgências epistemológicas[71] – insurgências capazes de transformar não mais objetos em "não-objetos", mas objetos próprios (esteticamente próprios, historicamente próprios, epistemologicamente próprios) em um *objeto impróprio*: anacrônico, atópico, destemporâneo.

Para que ele venha a existir será preciso, contudo, mais do que revisões historiográficas, desconstruções acadêmicas ou ensaios críticos (como este aqui, por exemplo). Será preciso, presumo, que as novas gerações de artistas a que me referi agora há pouco vejam interesse no neoconcretismo e que, assim, se disponham a fazer dele um outro objeto.

Poucos trabalhos fazem isso de modo tão explícito quanto *Bixinha*, de Lyz Parayzo.[72] Como destacaram Isabella Rjeille e Amanda Carneiro, em *Bixinha*, Parayzo não apenas "materializa reflexões sobre a história da arte brasileira": a obra "é também uma referência direta aos *Bichos* de Lygia Clark". Diferentemente dos *Bichos*, contudo, *Bixinha* não se baseia nas ideias (tipicamente neoconcretistas) de "interação" e "participação" – muito pelo contrário. Como salientam Rjeille e Carneiro, "em *Bixinha*, Parayzo recusa a suposta passividade e a domesticidade que os *Bichos* manipuláveis de Clark poderiam sugerir. A *Bixinha* busca afastar e não atrair; manipulá-la tem aqui o efeito contrário". Mais do que isso, argumentam as autoras, *Bixinha* "extrapola por vezes sua condição de escultura, podendo ser utilizada também como 'arma' de defesa em diversas performances da artista". Esse caráter impróprio já estava presente em um trabalho anterior de Parayzo – um conjunto de *joias bélicas* que funcionavam a um só tempo como adereço e arma. Na base de ambos os trabalhos, argumentam as autoras, está um mesmo móvel: a violência.

> As extremidades cortantes e a aparência agressiva, tanto das *joias* quanto das *Bixinhas*, são respostas aos processos

de violência e às subsequentes estratégias de defesa aos quais estes corpos são submetidos.[73]

O que *Bixinha* performa, nesse sentido, não é exatamente uma reapropriação de uma das obras mais icônicas do neoconcretismo (*La Bête*, de Wagner Schwartz, faz isso, e de modo muito produtivo). É, em vez disso, e para lançar mão de uma categoria central do Capítulo 6, uma *inapropriação* da obra de Clark, e uma inapropriação feita de múltiplas camadas.

A primeira e mais óbvia dessas inapropriações é de ordem, digamos, objetual: assim como as *joias bélicas*, *Bixinha* põe em xeque qualquer oposição categórica entre objeto e não-objeto: é simultaneamente não-objeto *e* objeto, objeto especial *e* objeto comum, arte *e* não-arte.

Mas *Bixinha* também *inapropria* algo bem mais sensível e estratégico: a autoimagem do agente a quem os *Bichos* originalmente se endereçam – a saber, o "participante". Sua performatividade corrosiva advém precisamente daí, de sua capacidade de transfigurar esse agente, de transformá-lo em algo que ele nunca quis nem admitiu ser.

Escolher o participante como objeto de inapropriação não me parece fortuito. Como muitos de nós, Parayzo certamente sabe que a presença do "participante" foi sempre crucial para a própria existência dos *Bichos*. E sabe também que o contingente de "participantes" que a esta altura manipula e interage de modo, digamos, desavisado com os *Bichos* de Clark é razoavelmente limitado; sabe que boa parte desses participantes (os mesmos "participantes" que, diante de *Bixinha*, vão imediatamente antecipar o que é, ou seria, manipular aqueles objetos cortantes) tem consciência de que, mais do que um "não-objeto", manipulam e interagem com uma espécie de *superobjeto*: o objeto/não-objeto mágico e aurático que, junto com alguns poucos outros superobjetos (com destaque para os *Parangolés* de Oiticica) nos abriu as portas para o "contemporâneo", inaugurando com isso a "arte contemporânea brasileira".

Ao transformar bichos domésticos e dóceis em bixinhas refratárias e defensivas (refratárias e defensivas não ao "participante" abstrato idealizado pelo neoconcretismo, mas ao potencial agressor que mora dentro da maior parte de nós, brasileiros modernos e contemporâneos), *Bixinha* deixa claro que os "objetos especiais" de que fala Gullar são na verdade objetos "de exceção", e que os "participantes" estéticos universais sobre os quais a arte contemporânea brasileira se funda e ainda hoje se apoia são também, queiram ou não, agentes de uma "vontade construtiva geral" fundada na violência. Parafraseando Gullar, se os *Bichos* reclamam o participante, "não como testemunha passiva de sua existência, mas como condição mesma de seu fazer-se", *Bixinha* reclama um participante-cúmplice, não como mera testemunha passiva, mas como condição mesma de seu *desfazer-se*.

Bixinha é assim uma espécie de *ready-made* às avessas: em vez de transformar objetos em não-objetos (como tão apaixonadamente sonhou Ferreira Gullar), transforma não-objetos em objetos: objetos inconvenientes, inoportunos, impróprios. No fim das contas, Gullar não estava de todo equivocado quando afirmou, em 2015, que "a arte de hoje nem é arte mais".[74] De fato.

Que tenham sido necessários tantos anos para que essa re-objetificação ocorresse é por si só indicativo da força persistente da ideologia construtiva brasileira. É indicativo também do alcance e do significado da ação de Parayzo.

Quantas outras *Bixinhas* virão por aí? Quantas outras ações irão *inapropriar* o neoconcretismo e, além dele, nossa tradição ou herança construtiva? Seguirão esses trabalhos sendo chamados, e sobretudo admitindo ser chamados, de "contemporâneos", de "brasileiros", de "nossos"? É difícil dizer. Só depois disso, em todo caso, será possível dizer se a arte contemporânea brasileira acabou ou não.

Se é que isso ainda terá alguma importância.

Notas

1 LEONIDIO, Otavio; MULLER, Manuela. "Quase tudo é um ato de inserção: Entrevista com Cildo Meireles", *Viso: Cadernos de Estética Aplicada*, v. 6, n. 30 (jan.-jun., 2022).

2 "Luiz Camillo Osório conversa com Castiel Vitorino", *Prêmio Pipa* (10/9/2021). Disponível em: www.premiopipa.com/2021/09/luiz-camillo-osorio-conversa-com-castiel-vitorino.

3 GULLAR, Ferreira. "Teoria do não-objeto" [1959] in _____. *Experiência neoconcreta: momento-limite da arte*. São Paulo: Cosac Naify, 2007, p. 93.

4 JUDD, Donald. "Specific Objects", *Arts Yearbook*, n. 8 (1965), p. 74. Minha tradução. Esclareço que não adotei a (excelente) tradução que Pedro Süssekind fez de "Objetos específicos" (in FERREIRA, Glória; COTRIN, Cecília. *Escritos de artistas: anos 60/70*. Rio de Janeiro: Jorge Zahar, 2009, p. 96-106) por julgar que, no contexto deste ensaio, uma tradução mais literal do texto de Judd era recomendável (a exemplo do que ocorre nesta frase, onde, em vez de "os melhores novos trabalhos", optei por "o melhor novo trabalho", no singular). Ressalto, de resto, que mesmo em sua versão original, em inglês, o texto de Judd soa muitas vezes estranho. Judd, aliás, foi demitido em 1965 da revista *Art International* justamente por conta de sua escrita "sem forma" e "cambaleante" (James Fitzsimmons, "Letter to Donald Judd" [Apr. 24, 1965]. Reproduzida em JUDD, Donald. *Donald Judd: Complete Writings 1959-1975*. Nova Scotia: The Press of Nova Scotia College of Art and Design; New York: New York University Press, 2005, p. 171. Tradução minha). Nessa estranheza, contudo, residem também a excepcionalidade e a força do texto de Judd.

5 Ver FOSTER, Hal (org.). "Questionnaire on 'The Contemporary'", *October*, v. 130 (Fall, 2009), p. 3-124.

6 Ver FOSTER, Hal. "The Crux of Minimalism" in _____. *The Return of the Real*. Cambridge (MA) and London: The MIT Press, 1996, p. 35-69.

7 GULLAR, Ferreira. Op. cit., p. 100.

8 JUDD, Donald. "In the Galleries [Lygia Clark]", *Arts Magazine*, v. 37, n. 7 (Apr., 1963), p. 60-61. Tradução minha.

9 JUDD in BATTCOCK, Gregory (org.). *Minimal Art: A Critical Anthology*. Berkeley, Los Angeles, London: University of California Press, 1995, p. 123-124. Tradução minha.

10 STELLA in BATTCOCK, Gregory, op. cit., p. 149. Tradução minha.

11 JUDD in BATTCOCK, Gregory, op. cit., p. 150-151. Tradução minha.

12 GULLAR, Ferreira. Op. cit., p. 90.

13 Derrida apud RODRIGUES, Carla. "Mulher, verdade, indecidibilidade" in DUQUE ESTRADA, Paulo César (org.). *Espectros de Derrida*. Rio de Janeiro: Ed. PUC-Rio; Nau, 2008, p. 92.

14 GULLAR, Ferreira. Op. cit., p. 95.

15 Ver BOHRER, Karl-Heinz. *Suddenness: On the Moment of Aesthetic Appearance*. New York: Columbia University Press, 1994.

16 GULLAR, Ferreira. Op. cit., p. 94-95.

17 Derrida apud RODRIGUES, Carla. Op. cit., p. 98-99.

18 GULLAR, Ferreira. Op. cit., p. 91.

19 Ver DANTO, Arthur C. *A transfiguração do lugar-comum*. São Paulo: Cosac Naify, 2010. A exemplo do que ocorre com outros autores, em Gullar essa transfiguração do objetual em não-objetual é também acompanhada de uma série de outras transfigurações: do conceitual ao estético, do mundano ao transcendente, do trivial ao especial, da significação linguística à pura significação.

20 GULLAR, Ferreira. Op. cit., p. 94.

21 São, salvo engano, 42 ocorrências da expressão "não-objeto" no singular, contra apenas três ocorrências de "não-objetos" no plural. Gullar faz aqui, claramente, uma opção por dar conta do *conceito* de não-objeto em detrimento do que chama de "não-objetos existentes".

22 JUDD, Donald. "Specific Objects", *Arts Yearbook*, n. 8 (1965), p. 74. Tradução minha.

23 "Escrevi crítica como um mercenário e jamais teria feito isso de outro modo". JUDD, Donald. *Donald Judd: Complete Writings 1959-1975*, p. vii. Tradução minha.

24 JUDD, Donald. "In the Galleries [Claes Oldenburg]", *Arts Magazines*, v. 38, n. 10 (Sept., 1964), p. 63. Tradução minha.

25 JUDD, Donald. "In the Galleries [Roy Lichtenstein]", *Arts Magazine* (Nov., 1963), p. 32. Tradução minha.

26 A exposição ocorreu no *Wadsworth Atheneum*, Hartford, Connecticut, entre 9 de janeiro e 9 de fevereiro de 1964.

27 JUDD, Donald. "Black, White and Gray", *Arts Magazine* (Mar., 1964), p. 36-37. Tradução minha.

28 Idem, p. 38. Tradução minha. Outra definição de arte de Judd é: "Algo tem claramente de ser arte – isto é, já desenvolvido e reconhecível". JUDD, Donald. "In the Galleries [Roy Lichtenstein]", *Arts Magazine* (Nov., 1963), p. 32-33.

29 JUDD, Donald. "Black, White and Gray", *Arts Magazine* (Mar., 1964a), p. 37. Tradução minha.

30 JUDD in BATTCOCK, Gregory (org.). *Minimal Art: A Critical Anthology*, p. 151. Tradução minha.

31 Ibidem, p. 151. Tradução minha.

32 JUDD, Donald. "Black, White and Gray", *Arts Magazine* (Mar., 1964), p. 37. Tradução minha.

33 JUDD, Donald. "In the Galleries [Claes Oldenburg]", *Arts Magazines*, v. 38, n. 10 (Sept., 1964), p. 63. Tradução minha.

34 JUDD, Donald. "Month in review", *Arts Magazine*, v. 39, n. 1 (Oct., 1964), p. 64. Tradução minha.

35 GULLAR, Ferreira. Op. cit., p. 92.

36 Cf. AUSTIN, John Langshaw. *How to Do Things with Words*. Oxford: At the Clarendon Press, 1962. Trato da performatividade do trabalho de Duchamp no Capítulo 3.

37 DE DUVE, Thierry. *Look! 100 Years of Contemporary Art*. Brussels: Ludion, 2001, p. 25. Tradução minha.

38 DANTO, Arthur C. *A transfiguração do lugar-comum*, p. 163.

39 FRIED, Michael. "Art and Objecthood", *Artforum*, v. 5, n. 10 (Summer, 1967), p. 15. Tradução minha.

40 Ibidem, p. 22. Tradução minha.

41 Estou reproduzindo/parafraseando a terminologia empregada por Stella e Judd ao longo da famosa entrevista de 1964. In: BATTCOCK, Gregory (org.). *Minimal Art: A Critical Anthology*, passim. Tradução minha.

42 FRIED, Michael. "Art and Objecthood", *Artforum*, v. 5, n. 10 (Summer, 1967), p. 23. Tradução minha.

43 FRIED, Michael. "New York Letter", *Art International*, v. 8, n. 1 (1964), p. 26. Tradução minha.

44 Ibidem, p. 26. Tradução minha.

45 FRIED, Michael. "Shape as form: Frank Stella's New Paintings", *Artforum*, v. 5, n. 3 (Nov., 1966), p. 22. Tradução minha.

46 JUDD, Donald. "Complaints - Part 1", *Studio International*, v. 177, n. 910 (Apr., 1969), p. 184. Tradução minha. Ver NGAI, Sianne. "Merely Interesting", *Critical Inquiry*, v. 34, n. 4 (Summer, 2008), p. 777-817.

47 GULLAR, Ferreira. Op. cit., p. 97. Ênfase minha.

48 FRIED, Michael. "Art and Objecthood", *Artforum*, v. 5, n. 10 (Summer, 1967), p. 22. Tradução minha.

49 OITICICA in FERREIRA, Glória; COTRIN, Cecília. *Escritos de artistas: anos 60/70*, 2009, p. 159 e 157, respectivamente. Ênfase minha.

50 Em contraste como isso se deu nos Estados Unidos, por exemplo, onde o rompimento aberto com o modernismo é o móvel principal dessa constituição.

51 OITICICA, Hélio. "Brasil diarreia" [1970] in *Arte brasileira hoje*. Rio de Janeiro: Paz e Terra, 1973, p. 150.

52 Ibidem, p. 147.

53 Ao romper com o modernismo, Sérgio Buarque de Holanda denunciava - em 1926! - "as ideologias do construtivismo", "essa panaceia abominável de construção". Apud LEONIDIO, Otavio. *Carradas de razão. Lucio Costa e a arquitetura moderna brasileira*. Rio de Janeiro: Ed. PUC-Rio, Loyola, 2008, p. 94-95.

54 LEONIDIO, Otavio; MULLER, Manuela. "Quase tudo é um ato de inserção: Entrevista com Cildo Meireles".

55 OITICICA, Hélio. "Esquema geral da nova objetividade" [1967] in FERREIRA, Glória; COTRIN, Cecília. *Escritos de artistas: anos 60/70*, p. 155.

56 Ver nota 21, acima.

57 LEONIDIO, Otavio; MULLER, Manuela. Op. cit.

58 OITICICA, Hélio. "Brasil diarreia", p. 147.

59 Para lançar mão da expressão de Ivana Bentes. BENTES, Ivana. "Nós, os brancos, e a nova partilha discursiva", *Cult* (edição online), 20/7/2020. Disponível em: revistacult.uol.com.br/home/nos-os-brancos--e-a-nova-partilha-discursiva.

60 "Que pode o korpo?" Performance de Jota Mombaça e Patrícia Tobias. Disponível em: https://vimeo.com/64778343.

61 Ver QUINDERÉ, Natália, "O museu privado sem fins lucrativos", *Desvio* (online), 25 mar. 2022. Disponível em: https://revistadesvio.com/2022/03/25/o-museu-privado-sem-fins-lucrativos-um-esboco-do-caso-mam-rio/. Acesso em 28 ago. 2022.

62 Ver LABRA, Daniela H. *Legitimação internacional da arte contemporânea brasileira. Análise de um percurso: 1940-2010*. Tese (Doutorado em Belas Artes). Universidade Federal do Rio de Janeiro, Rio de Janeiro, 2014.

63 Sérgio B. Martins argumenta que uma linhagem formadora alternativa da "arte contemporânea brasileira" adviria não do programa ambiental/fenomenológico do neoconcretismo, e sim de uma ênfase no mercado como "meio inescapável" da arte – tendência que Martins identifica nas obras de Antônio Dias e Cildo Meireles. Sérgio Bruno Martins, correspondência pessoal com o autor, 23/8/2023. Sou grato a Sérgio pela leitura e pelos comentários feitos a este texto.

64 WAGNER, Anne M. "Reading *Minimal Art*" in BATTCOCK, Gregory (org.). *Minimal Art: A Critical Anthology*, p. 16 e 13, respectivamente. Tradução minha.

65 BRITO, Ronaldo. *Neoconcretismo: vértice e ruptura do projeto construtivo brasileiro* [1975]. São Paulo: Cosac Naify, 1999, p. 77 e 83, respectivamente.

66 MARQUES, Luiz, MATTOS, Claudia, ZIELINSKY, Mônica, CONDURU Roberto. "Existe uma arte brasileira?", *Perspective* [online], n. 2 (2013). Disponível em: http://journals.openedition.org/perspective/5543.

67 FERREIRA DA SILVA, Denise, "After it's all said..." in *Paulo Nazareth. Melee*. Miami: Institute of Contemporary Art, 2020, p. 39.

68 FERREIRA DA SILVA, Denise. *Homo modernus. Para uma ideia global de raça*. Rio de Janeiro: Cobogó, 2022.

69 Idem. "In the Raw", *e-flux Journal*, n. 93 (Sept. 2018). Ênfase minha.

70 HARTMAN, Saidiya. "Venus in Two Acts", *Small Axe*, v. 12, n. 2 (June, 2008), p. 11.

71 Ver PRECIADO, Paul B. *Um apartamento em Urano. Crônicas da travessia*. Rio de Janeiro: Zahar, 2020.

72 Sou grato a Bernando Bazani por chamar a minha atenção para esse aspecto específico do trabalho de Parayzo.

73 RJEILLE Isabella; CARNEIRO Amanda. "Bixinha". Texto para o catálogo da *exposição Histórias Feministas: artistas depois de 2000*, Museu de Arte de São Paulo [MASP], 23.8-17.11.2019. Disponível em: www.premiopipa.com/wp-content/uploads/2017/04/textos-port_english.pdf. Acesso em 28 ago. 2022.

74 Apud SANDES, Luís Fernando Silva. *Geração concretista em São Paulo. Uma biografia coletiva*. Dissertação (Mestrado em Ciências Sociais). Pontifícia Universidade de São Paulo, São Paulo, 2018, p. 98.

6. Vanguardas não-ocidentais: uma inapropriação

Genericamente falando, é sempre necessário que as circunstâncias em que as palavras foram proferidas sejam, de algum modo, apropriadas.

J. L. Austin[1]

... nunca há apropriação ou reapropriação absolutas.

Jacques Derrida[2]

Embora a história da arte da performance no Brasil reste por ser escrita, um de seus destaques, eu presumo, será *Cage e os velocípedes*, ocorrida em outubro de 1985 na Sala Cecília Meireles, Rio de Janeiro.[3]

A ação de Alex Hamburger e Márcia X ocorreu durante uma outra performance – a lendária *4'33"* de John Cage, encenada por ocasião da visita do compositor estadunidense ao Rio de Janeiro. A ação consistiu no seguinte: no meio da performance de Cage, para surpresa dos promotores do evento e diante das gargalhadas da plateia, Hamburger e X adentraram o palco pedalando minúsculos velocípedes.[4]

Vários aspectos de *Cage e os velocípedes* sintetizam o que proponho chamar de atos de inapropriação (expressão que usarei ao longo deste texto de modo idiossincrático e crítico). Para começar, a ação de Hamburger e Márcia X não foi apenas uma apropriação artística, mas a apropriação de uma apropriação – no caso, do elemento central da peça de Cage, o silêncio.[5] Ao contrário da performance de Cage, no entanto, a ação de Hamburger e Márcia X é francamente oportunista e, por assim dizer parasitária: os artistas não apenas se apoderam de uma situação que dificilmente poderia ser repetida (ao contrário da peça de Cage, a surpresa é um elemento fundamental de *Cage e os velocípedes*), como também se apropriam do trabalho de um colega.

Não creio, de resto, que a motivação de Hamburger e X se limitasse a agir *contra* a ação de Cage, senão também agir *com* ela – não apenas com a performance em si (isto é, com sua forma ou resultado final), mas também com as suas intenções, tanto as manifestas (nomeadamente, transformar ruído em música, e deixar a cargo do acaso, e não da ação intencional, sua conformação final) quanto as tácitas (em especial, exercer certo controle sobre o comportamento da plateia). Não por acaso, a performance de Hamburger e X tem muitas afinidades com as ações de outro importante grupo de artistas contemporâneas – a chamada *Pictures Generation.* [6]

A associação se justifica. Entre outras características, os trabalhos de Sarah Charlesworth, Cindy Sherman, Louise Lawler, Barbara Kruger e Sherrie Levine, entre outras, também são feitos de interferências e apropriações – em particular, da constelação de imagens que compõem o universo imagético dos anos 1970 e 1980, incluindo itens de destaque ("monumentos", como prefiro chamá-los) dos arquivos da arte moderna e contemporânea.[7] As apropriações, neste caso, são muitas vezes literais: talvez mais do que qualquer outro grupo de artistas antes delas, as expoentes da *Pictures* transformaram atos de cópia, plágio e pirataria em seu principal dispositivo estético. De resto, e ainda que se possa pensar nesses trabalhos como intervenções intencionais, as artistas da *Pictures* recorrentemente exploraram as oscilações entre "apropriação" e "colaboração", dando lugar ao que Douglas Eklund perceptivamente chamou de "dupla agência".[8] Noutras palavras, as artistas da *Pictures* não estavam apenas usando essas imagens a contrapelo e, especialmente no caso de anúncios publicitários, procurando distorcer seu propósito e funcionamento originais; [9] estavam igualmente explorando – também no sentido de extrair – suas intenções latentes, buscando ter acesso e revelar elementos que, como passageiros clandestinos (para recorrer à inspirada metáfora de Eelco Runia),[10] não estavam explícitos nos atos que as originaram.

Não creio, contudo, que se deva ir longe demais com essa associação. Afinal, diferentemente de seus pares estadunidenses, Hamburger e Márcia X não pertencem ao *establishment* da arte contemporânea internacional – muito pelo contrário. As condições e os termos de sua apropriação de *4'33"* eram, nesse sentido, bastante desiguais: de um lado, estava um renomado e influente artista metropolitano, uma das estrelas do chamado "contemporâneo" (categoria que este ensaio colocará em questão);[11] do outro, dois artistas que viviam e pelejavam nas franjas do capitalismo. Nem Hamburger nem X haveriam de esperar, portanto, que sua ação tivesse o mesmo impacto no trabalho de Cage (e mais ainda, no *status quo* da arte contemporânea internacional) quanto as apropriações das artistas da *Pictures*. Ao contrário, o alcance e a influência de seus atos ficariam muito provavelmente confinados a um nicho – o espaço marginal da arte "terceiro-mundista", "sul-americana", "periférica" ou ainda, para lançar mão da terminologia empregada por Hal Foster, Rosalind Krauss, Yve-Alain Bois e Benjamin Buchloh, ao lugar específico destinado às "vanguardas não-ocidentais."[12]

Isso talvez explique a atitude conflituosa de Hamburger e Márcia X *vis-à-vis 4'33"*. Conscientes dos limites que sua condição subalterna impunha a sua ação, e não querendo reproduzir o comportamento complacente do público presente (o qual, em suas palavras, "mantinha-se num silêncio sepulcral durante toda a composição"), [13] eles pareciam ter à mão uma última arma: o confronto.

Pode-se de fato interpretar a apropriação que X e Hamburger fazem de *4'33"* nessa chave. *Cage e os velocípedes* seria um modo de confrontar, por meio do escárnio, a icônica peça de Cage – em particular o seu aspecto abertamente cerimonioso e tacitamente coercitivo.[14]

Não creio, contudo, que se deva enfatizar, sem mais, o aspecto conflituoso de *Cage e os velocípedes*. Não porque julgue que Haburguer e X não queriam antagonizar com a performance de Cage (certamente queriam!), mas porque um enquadramento baseado na oposição entre "o conflituoso" e "o complacente" (e de tantas outras antinomias características do discurso político convencional, por exemplo, "o antagonista" x "o apoiador", "o hostil" x "o aquiescente", "o engajado" x "indiferente", "o ativista" x "o apático", "o emancipado" x "o tutelado", "o resistente" x "o colaboracionista" – em suma, "o sujeito político/ativo" *vs.* "o sujeito apolítico/inativo") não me parece particularmente adequado a ações como a de Hamburger e X.

Em vez de focar no aspecto meramente confrontacional de *Cage e os velocípedes*, creio que devemos prestar atenção no modo como seus autores *inapropriam* não apenas da peça de Cage, mas também sua própria situação; como eles agem *com* ela, e não exclusivamente *contra* ou *apesar* dela; como inapropriam não apenas o objeto de sua ação, mas também o espaço específico em que, tácita ou explicitamente, foram colocados e confinados (e que, por princípio, define o significado de suas ações, estéticas ou não)[15], transformando-o em um outro espaço: o espaço inespecífico onde não apenas "ocidental", mas também "contemporâneo", "vanguardista", "histórico", "estético" e inúmeros outros dispositivos (epistemológicos e políticos) colonizadores eventualmente derrapam.

*

Estou exagerando em minha interpretação de *Cage e os velocípedes*? Acho que não. É isso, em todo caso, o que interpreto lendo a carta ao editor que Hamburger e X escreveram alguns dias depois de sua performance, na qual desautorizam um comentador de jornal que minimizou "a nossa 'intervenção' ao concerto de Cage [...] rotulando-a de 'vanguardismo fora de moda'", esclarecendo que "em comemoração à passagem de John Cage pelo Rio de Janeiro, elaboramos uma 'interferência' especialmente para aquela ocasião".[16] A ênfase que os autores dão à ideia de "interferência", em detrimento de "intervenção" (repare-se que as duas palavras são grafadas entre aspas pelos autores), aponta, me parece, para um tipo específico de apropriação – uma que opera, simultaneamente, *com e contra* a coisa apropriada.

O que me parece ainda mais importante, *Cage e os velocípedes* se inscreve em uma linhagem de inapropriações realizadas por artistas brasileiros ao longo das décadas de 1960 e 1970 – vale dizer, durante os anos mais duros do brutal regime militar instaurado no país com o Golpe de 1964. Desde logo, esta foi uma das características da chamada Nova Figuração – movimento que, como destacou o crítico Paulo Sérgio Duarte, não raro fez uso (um uso impróprio, eu diria) de manchetes e imagens publicadas na primeira página de jornais, gerando o que Duarte chamou de "figuras em segundo grau".[17]

Inserções em circuitos ideológicos: 1. Projeto Coca-Cola, de Cildo Meireles, é uma das ações mais emblemáticas nessa longa lista de inapropriações. A ação, como Cildo a descreve, consiste em "gravar nas garrafas de refrigerantes [...] informações e opiniões críticas, e devolvê-las à circulação". [18] Como a tinta branca vitrificada usada no processo não é visível quando as garrafas estão vazias, somente quando são reenvasadas e colocadas de volta em circulação é que as mensagens apostas pelo artista alcançavam o público em geral.

O vocabulário de Cildo é eloquente. Em suas palavras, o dado fundamental da ação é "a constatação da existência do(s) circuito(s), e a inserção verbal [que] constitui uma *interferência* nesse fluxo de circulação". [19] É este conceito de circuito, acrescenta, aquilo que "determina a carga dialética do trabalho, uma vez que *parasitaria* todo e qualquer esforço contido na essência mesma do processo (*media*)". [20] A ênfase nas ideias de interferência e parasitismo sugere, uma vez mais, uma ação que, em contraste com a ideia de intervenção, opera simultaneamente *com e contra* o objeto apropriado.

*

Muita coisa aconteceu desde que Cildo Meireles lançou pela primeira vez ao mundo suas *Inserções em circuitos ideológicos*. O Brasil viveu a redemocratização, o regime militar chegou em 1985 oficialmente ao fim e, especialmente durante os anos 2000 e 2010, o país supostamente alcançou uma posição menos periférica na nova ordem mundial, agora globalizada. Previsivelmente, esse reposicionamento foi acompanhado da integração de inúmeros artistas contemporâneos brasileiros

– Cildo Meireles entre eles – ao espaço da chamada arte contemporânea global. [21] O Brasil e a arte contemporânea brasileira pareciam estar decolando.

Felizmente, esse suposto avanço não implicou o fim da linhagem que acabei de mencionar. Pois o que por um momento foi visto como sinal de progresso econômico, cultural e político, revelou suas inconsistências e contradições. O ano de 2016, em particular, foi traumático na história política do Brasil: Dilma Rousseff, a primeira mulher a ser eleita presidenta do país, foi vítima de um pernicioso golpe parlamentar – um processo que, entre outras coisas, incluiu o encarceramento ilegal do ex-presidente Luiz Inácio Lula da Silva, e resultou na eleição ilegítima de Jair Bolsonaro.[22] As artimanhas e perversões do modelo neoliberal de globalização, assim como os limites e contradições da democracia liberal, tornaram-se desde então autoevidentes – como atestado pela tentativa de golpe de Estado ocorrida em Brasília em 8 de janeiro de 2023.

Não surpreende, diante desses acontecimentos, que inúmeros artistas tenham reiteradamente recorrido a atos de inapropriação – não apenas dos espaços em que os combates políticos e culturais do monumento tinham lugar (a começar por ruas, praças e edifícios públicos, como faz tão desconcertantemente o *performer* Elílson), mas também de alguns dos mais cultuados monumentos modernos brasileiros – leiam-se, os espaços físicos, institucionais e discursivos nos quais o Brasil Moderno (categoria que sintetiza a ideia e principalmente o desejo, acalentado ao longo de boa parte do século XX, de realização de um Brasil utópico) foi e continua sendo reiterado, restabelecido, reinstituído.[23] Eloquentemente, dentre a extensa e diversificada lista de itens que constituem este monumental arquivo, um elemento se destaca: a ideia de apropriação.

Modernidade como apropriação

Seria difícil resumir aqui os caminhos que levaram a ideia de apropriação a se tornar um dos elementos centrais - se não *o* elemento central - da chamada Brasilidade Modernista.[24] Destaco apenas que duas das figuras mais proeminentes do que ainda é amplamente considerado, histórica e simbolicamente, o evento fundador do Movimento Modernista brasileiro, a lendária Semana de 22, os poetas Mário de Andrade e Oswald de Andrade, dedicaram boa parte de sua vida à tarefa de responder a uma única e mesma pergunta: como *apropriar* os temas, preceitos e programas das vanguardas artísticas europeias, transformando-os em elementos genuinamente brasileiros, em vez de importações espúrias e impróprias?[25]

Para Mário de Andrade, a apropriação deveria ser imperativamente regida por (e nesse sentido limitada a) elementos e práticas oriundos da cultura popular brasileira. Isso, pensava ele, impediria que atos de apropriação fossem fruto de escolhas pessoais e arbitrárias, dando lugar a produtos culturais espúrios e ilegítimos. Oswald de Andrade, por sua vez, tinha uma perspectiva mais permissiva; apropriações deveriam se dar de modo canibalesco: artistas modernistas brasileiros deveriam simplesmente engolir e digerir quaisquer elementos que julgassem adequados a seus empreendimentos vanguardistas; isso bastaria para convertê-los em produtos culturais a um só tempo modernos e autenticamente brasileiros. [26] Embora em meados da década de 1920 ambas as fórmulas parecessem igualmente válidas e promissoras, em meados da década de 1930 fica claro que a abordagem mais sistemática e autocontida de Mário havia prevalecido, em especial no âmbito de políticas de Estado.

Não é exagero dizer que a mais aclamada e influente arte produzida no Brasil nas décadas de 1930, 1940 e 1950 sob a rubrica "moderno" não foi apenas uma resposta a essa pergunta (*Como apropriar?*), mas de um modo ou de outro uma reiteração das respostas que Oswald de Andrade e sobretudo Mário de Andrade lhe haviam dado nos anos 1920 e 1930.

Não surpreende, nesse ambiente, que a construção de Brasília – possivelmente, o mais cultuado monumento do Brasil Moderno – tenha também girado em torno da questão da apropriação.

Brasília Própria

Como é notório, a construção da nova capital, em meados dos anos 1950, não era apenas uma dentre as inúmeras metas do altamente ambicioso Plano de Metas instituído em 1956 pelo recém-eleito presidente Juscelino Kubitschek; era nada menos do que sua "meta-síntese". Na prática, a nova capital, a ser construída no centro geográfico do território nacional, deveria atuar – física e simbolicamente – como o núcleo a partir do qual o restante do território, ainda largamente isolado e, como tal, inalcançável pelas políticas modernizadoras de Kubitschek, seria ocupado e, em múltiplos sentidos, apropriado.

Nada mais lógico e coerente nesse contexto que, já nos primeiros parágrafos de seu *Memorial descritivo do Plano Diretor de Brasília*, Lucio Costa afirmasse sem rodeios que o a solução apresentada em seu Plano Piloto nascera "do gesto primário de quem assinala um lugar ou dele toma posse: dois eixos cruzando-se em ângulo reto, ou seja, o próprio sinal da cruz". [27]

Certamente, é possível interpretar a afirmação de Costa em termos do ato de apropriação física de um território

– aspecto que apenas reitera a secular história de expropriações ocorridas ao longo de toda a história do Brasil, a começar pela expropriação de terras dos povos originários aqui residentes, iniciada no início do século XVI e vigente até hoje.

Mas há um aspecto mais sutil e, em certo sentido, mais significativo na argumentação de Costa ao qual se deve dar atenção. Um aspecto não apenas intrínseco ao Plano Piloto de Brasília, mas também à ideologia subjacente ao projeto de modernização do Brasil[28] – qual seja, a ideia de que tal ato de apropriação implicava a exclusão de tudo o que pudesse ser considerado, estética e culturalmente, impróprio ao Brasil Moderno, com destaque para:

(1) práticas e programas estéticos e culturais considerados (i) inadequados, como no caso do dadaísmo e do surrealismo, a um movimento que se definia como essencialmente "construtivista", vale dizer, comprometido com a construção do Brasil Moderno, ou (ii) inadequados, como no caso da Bauhaus, ao tardio processo de industrialização brasileiro;

(2) práticas e programas estéticos e culturais que, de um modo ou de outro, não se adequassem à agenda definida nas décadas de 1920 e 1930 por Oswald de Andrade e sobretudo – como salientei há instantes – por Mário de Andrade, particularmente no que diz respeito a seu tema central: a apropriação.

Como argumentei em outra ocasião,[29] a extraordinária eficácia dos escritos e demais intervenções públicas de Lucio Costa nas décadas de 1930, 1940 e 1950 a respeito de uma então emergente arquitetura moderna brasileira – sem os quais Brasília como a conhecemos jamais teria existido – deveu-se sobretudo à sua capacidade de demonstrar como, exatamente, os projetos de Oscar Niemeyer, Affonso Eduardo

Reidy e demais expoentes da arquitetura moderna brasileira haviam logrado superar o artificialismo que caracterizava tentativas preliminares de implementação da arquitetura moderna no Brasil e, como consequência, produzir uma arquitetura a um só tempo moderna e autenticamente brasileira.

*

Bem entendido, o aspecto excludente do movimento modernista brasileiro (e além dele, da ideologia que lhe serve de base) não se limitou a interdições estéticas e culturais: compreendeu uma enorme parcela de exclusão social e espacial. E, uma vez mais, isso ficou explícito na crônica de Brasília. Pois antes mesmo da inauguração da nova capital, ocorrida em abril de 1960, ficou claro que um dos requisitos básicos do sucesso daquele monumental empreendimento era também a exclusão das legiões de trabalhadores que acorreram a Brasília – literalmente de todos os cantos do Brasil – assim que a notícia da construção começou a se espalhar, e que, como eles estavam prestes a descobrir, deveriam retornar aos seus locais de origem tão logo as obras estivessem concluídas.

O que se seguiu a isso, todos nós sabemos: tão logo ficou evidente que o Governo Federal não poderia simplesmente fazer desaparecer esse enorme contingente de pessoas (àquela altura instalados em favelas espalhadas pela nova capital), chegou-se a uma solução que, para as mentes modernizadoras/apropriadoras dos governantes brasileiros, parecia bastante razoável: os trabalhadores – junto com seus cônjuges, recém-nascidos, pais e mães, sogros e sogras, primos, aparentados, amigos, conhecidos – seriam transferidos para "cidades-satélites", o conjunto de assentamentos que lhes seriam atribuídos na órbita da nova capital.

A noção de "órbita" é de fato crucial aqui. Pois essas cidades não foram simplesmente implantadas na periferia da nova cidade, mas de fato isoladas de Brasília por um cordão de isolamento inteiramente vazio – uma espécie de *passe-partout* territorial cuja função, em última instância, era isolar as cidades-satélites e seus habitantes da *Brasília Própria* (expressão que empregarei doravante de modo paródico e crítico). A natureza desse empreendimento seria sintetizada em 1971, quando uma dessas cidades recebeu o nome de Ceilândia, em que "Cei" é nada menos do que o acrônimo de Centro de Erradicação de Invasões. Aos olhos da Brasília Própria e do Brasil Moderno, os construtores da nova capital eram vistos e tratados agora como invasores.

Espectros e satélites

Sessenta e três anos se passaram desde a inauguração de Brasília. Ao longo desse período, tanto a nova capital quanto as cidades-satélites cresceram imensamente. Inicialmente projetada para acomodar não mais que um milhão e meio de habitantes, Brasília atualmente abriga mais de três milhões de pessoas. [30] E as cidades-satélites, que em princípio sequer deveriam existir, têm hoje, reunidas, cerca de 1,7 milhão de habitantes. Eloquentemente, como inúmeros indicadores socioeconômicos demonstram, as disparidades entre Brasília e as cidades-satélites são imensas. Para dar um único exemplo, enquanto Brasília tem a maior renda *per capita* do Brasil (aproximadamente US$ 500), a renda *per capita* de Ceilândia gira em torno da metade desse valor. Em outras cidades-satélites a disparidade pode ser várias vezes maior.

Mas outra forma de disparidade distingue Brasília de seus satélites: enquanto Brasília Própria sempre procurou se isolar e proteger da presença *imprópria* das cidades-satélites (movimento que viria a incluir a preservação oficial não apenas da cidade como um todo, mas também de seu vazio circundante)[31], estas últimas mantiveram muitas vezes uma atitude muito mais complexa e ambivalente em relação a Brasília. Ao contrário do que ocorre com sua progenitora, esta atitude não se baseia, exclusiva ou primordialmente, em isolamento, hostilidade e rejeição, mas também em atos de inapropriação.

Uma das expressões mais eloquentes dessa disposição é o modo como Brasília Própria é chamada pelos moradores das cidades-satélites – a saber, por sua denominação de papel: "Plano Piloto", ou seja, pelo nome que a futura capital tinha quando ainda era um conjunto de desenhos. Essa dupla inapropriação de "Plano Piloto" (tanto da categoria urbanística "plano piloto", transformada em cidade real, quanto da cidade real, transformada em categoria urbanística) opera uma espécie de colapso ontológico. Pois se "plano piloto", a categoria urbanística, se refere a uma cidade projetada, seu uso impróprio suplementa a cidade real com uma camada espectral. Essa confusão se torna ainda mais aguda quando se tem em mente que, em grande medida, Brasília foi sempre um espectro – uma utopia cuja existência só poderia mesmo se sustentar à custa da exclusão de todos os aspectos considerados impróprios ao que fora originalmente estabelecido pelo plano urbanístico de Lucio Costa. Ao se referir à cidade real como "Plano Piloto", os moradores das cidades-satélites reiteradamente convertem Brasília no espectro de um espectro. [32]

A experiência desse desastre epistemológico (tenho sempre em mente a vertiginosa experiência que tenho toda vez que vejo aqueles ônibus com indicações de destino onde se lê "Plano Piloto") sempre me faz pensar em Márcia X, Alex Hamburger, Cildo Meireles e uma longa lista de inapropriações que complementam e contaminam, deturpam e hackeiam, interferem e espectralizam os arquivos do Brasil Moderno – todos os monumentos que constituem e sustentam não apenas a capital utópica, mas sobretudo o que Stefan Zweig intitulou *Brasil, terra do futuro*.

*

Mas há outro aspecto da atitude ambivalente e complexa que as cidades-satélites mantêm com Brasília que quero destacar a partir de agora. Diante dessa longa história de hostilidade, rejeição, exclusão e violência real de parte de Brasília Própria, os moradores das cidades-satélites também responderam com inapropriações artísticas – algumas delas extremamente desconcertantes. É o caso do filme *Branco sai, preto fica*, produzido e dirigido por Adirley Queirós, um morador da Ceilândia e integrante do Ceicine – Coletivo de Cinema na Ceilândia.

Em certa medida, *Branco sai, preto fica* dá continuidade a incursões prévias de Queirós na história e na memória social da Ceilândia – em especial, no que diz respeito ao tratamento que a cidade e seus moradores receberam de parte da Brasília Própria e do Brasil Moderno. Em *A cidade é uma só?* (2011), por exemplo, Queirós aborda o modo como filhos das famílias removidas de Brasília para Ceilândia foram capciosamente usados em filmes de propaganda oficial, produzidos e veiculados para divulgar a pretensa excelência da rede pública de ensino da Ceilândia.

A cidade é uma só? se inscreve em uma linhagem de documentários que – como sintetizado pelo título de um de seus mais aclamados exemplares – documentam e expõem as contradições de uma cidade nova. Denúncia veemente da calamitosa situação habitacional de Brasília ao final dos anos 1960, *Brasília: contradições de uma cidade nova* foi dirigido por Joaquim Pedro de Andrade, figura de proa do Cinema Novo, e narrado por Ferreira Gullar, expoente do neoconcretismo e da poesia concreta. Cinema Novo, neoconcretismo e poesia concreta são, como se sabe, três das mais proeminentes expressões do modernismo brasileiro dos anos 1950 e 1960. Não obstante sua dimensão crítica e engajamento propriamente político, *Brasília: contradições de uma cidade nova* é também um monumento do Brasil Moderno.

Pode-se argumentar que *Branco sai, preto fica* é também uma incursão (neste caso, uma incursão ficcional) na história e na memória social da Ceilândia – nomeadamente, de um de seus eventos mais traumáticos e violentos: a invasão pela polícia montada, ocorrida em 1986, de um popular baile black realizado em meados dos anos 1980 no Quarentão – um ginásio polivalente da Ceilândia. O título do filme reproduz a frase que os policiais gritaram durante a invasão: "Branco sai, preto fica!" Entre as vítimas do assalto estão dois protagonistas do filme: Marquim, que perdeu uma perna, e Shokito, que ficou tetraplégico durante o assalto.

O filme não se limita, contudo, a relatar esse evento específico. Além de rememorar e descrever o que de fato ocorreu naquela noite trágica, tanto Marquim quanto Shokito estão envolvidos em uma trama abertamente ficcional, cujo propósito é aniquilar Brasília Própria. De par com esses personagens a um tempo reais e ficcionais, a narrativa conta ainda com um personagem propriamente ficcional, Dimas

Cravalanças, enviado do futuro para documentar os crimes cometidos pelo Estado brasileiro contra suas populações periféricas. A hostilidade de Brasília com as cidades-satélites alcança, no filme, uma dimensão extrema: para ter acesso ao Plano Piloto, os moradores das cidades-satélites devem sempre ter à mão um "passaporte para Brasília".

Dizer que *Branco sai, preto fica* é uma narrativa ficcional de eventos factuais é impreciso, contudo. Não porque o filme não ficcionalize a história e a memória social de Brasília e da Ceilândia – e mais ainda, um de seus acontecimentos mais brutais e traumáticos. Mas, muito além disso, *Branco sai, preto fica* é uma inapropriação da história e da memória.

Em uma entrevista de 2015, Queirós explicitou o que estava em jogo para ele e seus colaboradores quando realizaram o filme.

> A minha busca era que esses caras pudessem ter o espaço deles como um espaço de criação. O Marquinho me reivindicou isso: "eu não quero contar essa história pra você. Você já contou, lá no começo você já fez o *Rap*, já tá bom. Eu queria andar no filme. Queria levantar da cadeira e andar. Vocês não fazem cinema?" Isso é uma forma de intervir radicalmente no que o outro quer de você, e eu acho que esse tipo de intervenção traz muito mais possibilidades do que aquela coisa do documentário tradicional que tem que estar aberto pras situações. Imagina, a gente não tem uma indústria, a gente não tem grana... se a gente propõe fantasias, é muito mais aberto ainda! [...] Então é uma aventura também nesse sentido: pode sempre ser um desastre fatal.[33]

Como ocorre com outros documentários ficcionais, *Branco sai, preto fica* não se limita a confundir os gêneros convencionais do cinema (e, para além disso, a estrutura ontoepistemológica que subjaz à antinomia ficcional x não ficcional/real). O filme tampouco se limita a "lançar luz", "expor" ou "resgatar" eventos supostamente "esquecidos", "ignorados", "descartados" ou simplesmente "negligenciados" pela "história oficial". Mais do que tudo isso, o filme reivindica um outro espaço. Um espaço que, em vez de próprio e específico, é – histórica, geográfica, cultural e politicamente – impróprio e inespecífico. E faz isso não apenas propondo uma representação *deturpada* de Brasília Própria, mas também, como enfatiza Queirós, "intervi[ndo] radicalmente no que o outro quer de você".

De fato, o filme não se limita a inapropriar os espaços (físicos, institucionais, discursivos) específicos nos quais a Brasília e a Ceilândia "reais" se constituem (os espaços da história, da memória oral, da crônica urbana, do cinema documental, do *survey* sociológico, da observação etnográfica, e assim por diante). Ele também inapropria os papéis, atitudes e comportamentos que, na condição de moradores de uma cidade-satélite (e mais além, de satélites da modernidade e do contemporâneo), Queirós e seus colaboradores devem por definição performar para essa constituição – todos os atos que, explícita ou tacitamente, espera-se que eles desempenhem como *moradores da periferia, cineastas marginais, sujeitos subalternos, artistas não-ocidentais.*

Ao inapropriar os estereótipos que supostamente deveriam reproduzir (isto é, ao ser simultaneamente factuais e ficcionais, históricos e míticos, verossímeis e absurdos, complacentes e conflituosos, não-ocidentais e contraocidentais), Queirós, Marquim e Chokito (mas também Cravalanças) reafirmam um dos aspectos mais decisivos dos atos de inapropriação: eles hackeiam, parasitam e inapropriam o próprio aparato que constitui, e insidiosamente reinstitui, sua sujeição. Numa palavra, eles destituem aquilo que os destitui.[34]

Falando recentemente sobre seu último filme, *Mato seco em chamas* (2022), codirigido por Joana Pimenta, Queirós descreveu a natureza das inapropriações que seus filmes põem em prática: "a gente cria arquétipos e depois vai fazer um documentário sobre os arquétipos que a gente criou. O filme é sobre o universo real acionado pela ficção". "O que eu faço", ele resumiu, "é etnografia da ficção".[35]

Em última análise, a oposição entre ficção e não ficção é substituída aqui por uma dialética alternativa, na qual realidade e contrarrealidade não são dimensões ontologicamente opostas, mas mutuamente implicadas. A afirmação de Queirós de que "pra mim o filme é o resto do filme" deve ser entendida nestes termos: o "filme" (se se quiser, o filme propriamente dito) é apenas uma camada de uma contrarrealidade em que realidade e lenda se misturam e confundem. No caso de *Mato seco em chamas*, o enredo tem como base uma lenda urbana corrente – o mito das chamadas gasolineiras, grupo de mulheres que, em um passado recente (assim reza a lenda), produziam e comercializavam clandestinamente gasolina em uma cidade-satélite. A operação é essencialmente política: em vez de uma ontologia alternativa, entra em cena uma outra economia política; para citar Judith Butler, o filme reivindica "a força e a necessidade de um contrarrealismo" como operador epistemológico e político.[36]

Não por acaso, o que resulta dessas inapropropriações são antimonumentos que, como é o caso de *Branco sai, preto fica*, não encontram lugar nos arquivos do Brasil moderno e contemporâneo – e por uma boa razão. Se o cinema de ficção é muitas vezes um espaço de redenção (como é o caso de um dos longas-metragens brasileiros mais aclamados dos últimos anos, *Central do Brasil*, no qual, aliás, a arquitetura modernista brasileira ocupa um papel de destaque),[37] e o cinema documental, um espaço de denúncia (como é o caso de *Brasília: contradições de uma cidade nova*), *Branco sai, preto fica* está empenhado em uma ética-política totalmente diversa: parafraseando Erika Fischer-Lichte, o filme aposta no poder transformador das inapropriações.[38]

*

Evidentemente, esse poder transformador tem enormes limitações. Em particular, é incapaz por si só de confrontar a longa história de violência e injustiça perpetrada por Brasília Própria (e, além desta, pelo Brasil Moderno) contra os moradores das cidades-satélites. Dito isso, confrontar não me parece ser a motivação, ou pelo menos não a única ou a principal motivação, de *Branco sai, preto fica*. Não tanto quanto a intenção de interferir, transformar, inapropriar.

E é precisamente nesse sentido que *Branco sai, preto fica* constitui um suplemento na luta contra os desafios e constrangimentos que realidades e acontecimentos como os contrarrepresentados pelo filme colocam para seus personagens reais/contrarreais – em particular, este: como agir diante da exclusão, precarização, segregação, periferização e outras formas de violência física e discursiva? E a resposta que o filme parece dar a essa questão é: não apenas por meio do confronto aberto e direto, mas também de outro tipo de antagonismo.

Em *Quadros de guerra*, Judith Butler trata dessa questão específica. Ela reflete sobre os tipos de antagonismo que podem se revelar eventualmente eficazes na luta contra a violência iterativa característica dos processos de subjetivação discursiva – em especial, o que Butler chama de "práticas de nomeação".[39] E entre as ações que Butler vislumbra, uma nos interessa particularmente – a saber, atos de resistência que funcionam simultaneamente *com* e *contra* a violência formativa:

> Quando alguém é formado na violência [...] e essa ação formativa continua ao longo de toda a vida desse alguém, surge o dilema ético sobre como viver a violência da história formadora desse alguém, como efetuar mudanças e inversões em sua iteração. Precisamente porque a iterabilidade escapa a qualquer determinismo, restam-nos perguntas como as seguintes: como eu vivo a violência da minha formação? Como ela sobrevive em mim? Como ela me carrega, a despeito de minha resistência, e eu a carrego comigo? E em nome de que novo valor posso anulá-la e contestá-la? Em que sentido essa violência pode ser redirecionada, se é que pode ser redirecionada? Precisamente porque a iterabilidade escapa a todo e qualquer voluntarismo, não estou livre para dispensar a história de minha formação. Posso apenas sobreviver no rastro dessa região indesejada da história, ou, na verdade, *como* seu rastro. Pode alguém trabalhar *com* essa violência formadora *contra* certos resultados violentos, e assim experimentar [*undergo*] uma mudança na iteração da violência? [40]

Não é exatamente esse tipo de antagonismo que atos de inapropriação põem em prática? Um tipo de antagonismo que opera simultaneamente *com e contra* (e que, como resultado, mostra-se eventualmente apto a *reverter* e *redirecionar*) múltiplas formas de violência iterativa. Um antagonismo que vai além das antinomias características do discurso político convencional e que, de formas diversas e inesperadas, pode resultar, como sugere Queirós, em um "desastre fatal".

Esse desastre ocorre em *Branco sai, preto fica*. O filme performa uma das transformações mais extraordinárias na história urbana e social da cidade: ao confundir factual e ficcional, história e lenda, representacional e transformador, etnografia e fabulação, utopia e a-topia, realidade e contrarrealidade, o filme transforma o "próprio sinal da cruz" do Plano Piloto de Lucio Costa em uma desastrosa encruzilhada: o espaço inespecífico e impróprio onde contrarrealidades incalculáveis e potencialmente desastrosas são reivindicadas.

Cruzes e encruzilhadas

Esse desastre não é sem precedentes. Na verdade, ele vem ocorrendo desde a inauguração de Brasília, e no exato local onde os dois eixos estruturantes do Plano Piloto se cruzam e onde Lucio Costa escolheu implantar aquele que é de fato o mais crucial de todos os equipamentos públicos de Brasília – a Plataforma Rodoviária para onde as moradoras e moradores das cidades-satélites convergem em seu deslocamento diário para o Plano Piloto.

Lúcio Costa não demorou a perceber esse fenômeno. Depois de passar vários anos sem colocar os pés em Brasília, ele foi ver de perto, em 1984, o estado atual de sua Rodoviária (um dos poucos edifícios que ele próprio, e não Niemeyer, desenhou para a nova capital). E, de imediato, percebeu que, ao contrário do que ocorrera com o resto da cidade planejada e seus imaculados edifícios modernistas, ali a realidade havia ultrapassado o sonho:

> Eu caí em cheio na realidade, e uma das realidades que me surpreenderam foi a Rodoviária, à noitinha. Eu sempre repeti que essa Plataforma Rodoviária era o traço de união da metrópole, da capital, com as cidades-satélites

improvisadas da periferia. É um ponto forçado, em que toda essa população que mora fora entra em contato com a cidade. Então eu senti esse movimento, essa vida intensa dos verdadeiros brasilienses, essa massa que vive nos arredores e converge para a Rodoviária. Ali é a casa deles, é o lugar onde se sentem à vontade. Eles protelam, até, a volta e ficam ali, bebericando. Eu fiquei surpreendido com a boa disposição daquelas caras saudáveis. E o "centro de compras", então, fica funcionando até meia-noite... Isto tudo é muito diferente do que eu tinha imaginado para esse centro urbano, como uma coisa requintada, meio cosmopolita. Mas não é. Quem tomou conta dele foram esses brasileiros verdadeiros que construíram a cidade e estão ali legitimamente. É o Brasil... E eu fiquei orgulhoso disso, fiquei satisfeito. É isto. Eles estão com a razão, eu é que estava errado. Eles tomaram conta daquilo que não foi concebido para eles. Então eu vi que Brasília tem raízes brasileiras, reais, não é uma flor de estufa como poderia ser, Brasília está funcionando e vai funcionar cada vez mais. Na verdade, o sonho foi menor que a realidade. A realidade foi maior, mais bela. Eu fiquei satisfeito, me senti orgulhoso de ter contribuído. [41]

De todas as coisas que Costa afirma nessa entrevista, uma é particularmente significativa: ao contrário do "gesto primário" que, como ele destaca em seu Memorial Descritivo, é o ato constituinte/apropriador por excelência do Plano Piloto de Brasília (uma vez mais, "o gesto primário de quem assinala um lugar ou dele toma posse"), a massa de "verdadeiros brasileiros" que converge diariamente para a Plataforma Rodoviária jamais *tomou posse* daquele local. Em vez disso, como Costa notou, dia após dia eles cuidaram dele.

O que Costa não foi capaz de perceber, por outro lado, foi isto: esse reiterado ato de cuidado não se limita a converter uma instalação "cosmopolita" em um local "à vontade"; ele transforma um lugar próprio e específico (o "centro urbano" de Brasília) em um espaço impróprio e inespecífico: a encruzilhada na qual, duas vezes ao dia, o vazio que isola o Plano Piloto de seus satélites é inesperadamente suspenso, transformando todas aquelas cidades dispersas e isoladas no vertiginoso centro de gravidade em torno do qual Brasília Própria desastrosamente orbita.

O que Costa foi incapaz de perceber, em suma, foi isto: não foi a realidade propriamente dita senão uma contrarrealidade imprópria e destituinte que superou, e segue superando, os sonhos apropriadores da Modernidade.

O que ocorre na Plataforma Rodoviária é, nesse sentido, inteiramente análogo ao que o *Branco sai, preto fica* performa. Como apontou o crítico Juliano Gomes, o filme abre espaço para um disputa "entre o espaço do real e o espaço do irreal".[42] E faz isso inapropriando os dispositivos colonizadores que Brasília Própria desenvolveu para marcar, especificar e, de um modo ou de outro, tomar posse das cidades-satélites e de seus moradores e moradoras. (Como fica claro, a distinção que sugeri no início deste texto entre apropriações "discursivas/simbólicas" e "físicas/factuais" simplesmente não se sustenta: apropriar equivale sempre a marcar, subjugar, tomar posse.)

*

Não surpreende, nesse sentido, que um dos produtos mais inspiradores do imaginário arquitetônico e urbano brasileiro das últimas décadas, *Brasília, cidade-Cerrado*, de Carlos M. Teixeira, de 2020, também abra espaço para que uma Brasília real e uma contrarreal se encontrem e se confrontem.[43]

Não é fácil descrever *Brasília, cidade-Cerrado*. O trabalho foi originalmente publicado em um periódico acadêmico, e mescla gêneros discursivos tão díspares quanto levantamento ecológico, ensaio crítico, fábula arquitetônica, manifesto estético e profecia delirante – tudo isso pontuado por uma coleção de imagens fantasmagóricas de Brasília. O cenário é inquietante: não só o Plano Piloto é retomado pela vegetação que recobria o terreno antes da implantação da nova cidade (o Cerrado), como também os imaculados edifícios de Oscar Niemeyer são fagocitados por uma anarquitetura espectral. A justaposição da argumentação do texto escrito (em certos momentos, extremamente técnica e descritiva) e a imagética fantasmagórica que o acompanha (mas que de modo algum o "ilustra") deixam o leitor constantemente perdido, como se abandonado no espaço inespecífico onde realidade e contrarrealidade se encontram e colidem.

O resultado é desastroso: um espaço estranho e incomum, no qual os dispositivos convencionais do discurso arquitetônico jamais se encaixam adequadamente. Uma vez mais, o que vem à mente é a figura do espectro: não um cenário distópico retratando as ruínas da Modernidade (o que é afinal a distopia senão o par dialético da utopia?), mas uma paisagem inespecífica, a um só tempo real e contrarreal, que nos lembra que

> é preciso falar de Brasília com inocência, esperando com isso o despertar de uma artimanha ainda embrionária. Uma manobra que apela para a coexistência da ordem e da desordem, da permanência e do devir, do futuro e do passado, do fundo-figura e da figura-fundo. [44]

Coerentemente, em vez de redenção (uma noção por sinal particularmente adequada às antinomias do discurso político convencional),[45] *Brasília, cidade-Cerrado* se apresente como uma forma de vingança: "a vingança da grama." De fato, o trabalho profetiza,

> O domínio artificial das gramas batatais da Esplanada dos Ministérios está com seus dias contados. Pois, ao contrário do que queria Lúcio, não há gramados ingleses em Brasília: há sementes de capim-carrapato em hibernação, à espreita de uma oportunidade para vingarem a sua expulsão.[46]

*

Esse mesma "artimanha" ou "manobra" está presente nas ações de incontáveis artistas contemporâneos "não-ocidentais". Insistentemente, eles têm sido confrontados pelos desafios e constrangimentos impostos pelos dispositivos apropriadores do contemporâneo, em particular os modos de integração que lhes são sucessivamente oferecidos pelos gestores do sistema de arte global, e que, nas palavras de Rodrigo Naves, constituem um verdadeiro "azar histórico".[47] Mais recentemente, a filósofa Denise Ferreira da Silva apontou para o mesmo fenômeno. Em suas palavras, ao abordar as práticas pós-coloniais a partir da perspectiva da "diferença cultural", críticos e curadores ocidentais vêm, na prática, reduzindo as expressões anticoloniais e antirracistas produzidas em países como o Brasil a meros "espécimes etnográficos", neutralizando assim sua força simultaneamente estética e política.[48]

À primeira vista, parece justo dizer que, diante desses desafios e constrangimentos, inúmeros artistas da "vanguarda não-ocidental" se viram confrontados por uma espécie de Escolha de Sofia: ou bem aceitam os espaços, papéis e pautas que lhes são atribuídos por críticos, curadores e demais operadores do contemporâneo, ou bem renunciam à oportunidade de integração nos espaços da arte contemporânea global.

Mas a ideia é de que esses artistas se viram diante de apenas duas reações distintas e mutuamente excludentes é falsa. Porque, quando confrontados por vários tipos de dispositivos colonizadores e neocolonizadores (amalgamados na capciosa noção de "integração"),[49] inúmeros artistas não-ocidentais não responderam apenas com atos ou complacentes ou conflituosos. Eles também performaram um outro tipo de antagonismo: não atos de reapropriação (o tipo de reapropriação comprometida com a redenção das vanguardas ocidentais, aptas assim a ser tornar duplamente próprias: propriamente históricas e propriamente contemporâneas), mas atos de inapropriação que, de algum modo, operam simultaneamente *com e contra* esses dispositivos.

E por que fariam de modo diferente? Eles não estão à procura de redenção. Não estão comprometidos com a reapropriação e a redenção de coisas tão diversas quanto história, historicidade, crítica, vanguarda, modernidade, o contemporâneo, o Ocidente e tantos outros dispositivos apropriadores empregados para especificar, marcar e, de um modo ou de outro, tomar posse de suas ações.[50] Em vez disso, eles inapropriam os espaços específicos nos quais foram compulsoriamente confinados e que, ardilosamente, pretendem predeterminar o significado e a força política de suas ações.

Outro Ocidente

Um dos mais icônicos e celebrados monumentos do contemporâneo – a exposição Information – ocorreu no Museu de Arte Moderna de Nova York (MoMA) no verão de 1970. Nas palavras de seu curador, Kynaston McShine, o propósito da exposição era introduzir ao público estadunidense, "entre outros, alguns artistas muito importantes da Argentina, do Brasil, do Canadá e da Iugoslávia".[51] Cildo Meireles era um dos artistas "não-ocidentais" apresentados na mostra. No texto que publicou no catálogo da exposição, Cildo não tratou propriamente do Ocidente. Em vez disso, escolheu falar de um Outro Ocidente, e do poder transformador de sua gente: "E sempre que ouvirem a história *desse* Ocidente, as pessoas estarão ouvindo lendas fantásticas e fábulas e alegorias. Porque uma gente que é capaz de transformar sua história em lendas fantásticas e fábulas e alegorias, essa gente tem uma existência real."[52]

Para Clara

Notas

1 AUSTIN, J. L. *Quando dizer é fazer*. Porto Alegre: Artes Médicas, 1990, p. 26.

2 DERRIDA, Jacques. *O monolinguismo do outro, ou a prótese de origem*. Porto: Campo das Letras, 2001, p. 38.

3 Ver AGRA, Lucio. "Apontamentos para uma historiografia da performance no Brasil", *Arte da Cena*, v. 1, n. 2 (out. 2014-mar. 2015), p. 35-50.

4 Márcia X carregava na boca uma folha de papel onde se lia: "Ser serrote não é defeito, defeito é viver serrando". In LEMOS, Beatriz (org.). *Márcia X*. Rio de Janeiro: Museu de Arte Moderna do Rio de Janeiro, 2013, p. 26.

5 A peça de Cage subverte um dos preceitos mais fundamentais da música tradicional, no qual o silêncio é definido como uma espécie de condição de possibilidade insubstancial da música, o contrário de ruído. Na peça de Cage, esse preceito é invertido: o que por séculos foi concebido como ruído - notadamente, os ruídos produzidos involuntariamente pelas plateias de salas de concerto - é transformado em música.

6 Ver CRIMP, Douglas. "Pictures", *October*, v. 8 (Spring, 1979), p. 75-88.

7 Uso a palavra arquivo em um sentido ampliado, conforme sobretudo DERRIDA, Jacques. *Mal de arquivo. Uma impressão freudiana*. Rio de Janeiro: Relume Dumará, 2001.

8 EKLUND, Douglas. "'His Gesture Moved Us to Tears'. Pictures Art in a Reinvigorated Market" in *The Pictures Generation 1974*-1984. New York: The Metropolitan Museum of Art; New Haven: Yale University Press, 2009, p. 206 e 271, respectivamente. Tradução minha.

9 Ibidem, p. 202.

10 RUNIA, Eelco. "Presence", *History and Theory*, n. 45 (Feb., 2006), p. 1-29.

11 FOSTER, Hal et al. "Questionnaire on 'The Contemporary'", *October*, v. 130 (Fall, 2009), p. 3-124.

12 FOSTER, Hal; KRAUSS, Rosalind; BOIS, Yve-Alain; BUCHLOH, Benjamin. *Art since 1900: Modernism, Antimodernism, Postmodernism*. London: Thames & Hudson, 2005, p. 377-378. Quando Krauss veio a São

Paulo, em 2010, para uma palestra no III Simpósio Internacional de Arte Contemporânea, ocorrido no Paço das Artes da USP, foi duramente questionada por essa denominação. As respostas evasivas de Krauss podem ser vistas em https://iptv.usp.br/portal/video.action?idItem=3816.

13 Márcia X e Alex Hamburger in LEMOS, op. cit., p. 225.

14 Exceto talvez em sua primeira apresentação, os espectadores jamais se comportaram *naturalmente* durante *4'33"*. Em vez disso, conscientemente ou não, eles performaram o que estariam *naturalmente* fazendo no decurso de um concerto convencional, ou seja – e para citar Hamburger e X –, permanecendo em um "silêncio sepulcral". Noutras palavras, em vez de se comportar naturalmente, os espectadores *performaram* um comportamento natural durante *4'33"*. Nesse sentido, *Cage e os velocípedes* é também uma inapropriação da performatividade presumida e tacitamente imposta por *4'33"*.

15 Cf. AUSTIN, J. L. *How to Do Things with Words*. Oxford: Clarendon Press, 1962. De acordo com Austin, a eficácia e o significado de um performativo estão sempre vinculados ao contexto em que são proferidos. O performativo austiniano sempre implica, portanto, a reiteração de um contexto presumido preexistente. De fato, afirma Austin, "genericamente falando, é sempre necessário que as circunstâncias em que as palavras foram proferidas sejam, de algum modo, apropriadas" (AUSTIN, J. L. *Quando dizer é fazer*. Porto Alegre: Artes Médicas, 1990, p. 26). Em última instância, portanto, o que um performativo "feliz" faz não se restringe a consumar as intenções conscientes de seu proferidor, mas também – e talvez sobretudo – reiterar as circunstâncias (sociais e políticas) "apropriadas" presumidas e necessárias à eficácia de qualquer ato de fala. O que atos de inapropriação fazem é justamente o contrário: inapropriam aquilo que, para Austin, deve sempre ser "apropriado". Atos de inapropriação constituem nesse sentido uma performatividade catastrófica, na medida em que solapam o contexto em que são performados. Nesse sentido, precisamente, é que são desastrosos.

16 LEMOS, Beatriz (org.). Op. cit., p. 225.

17 DUARTE, Paulo Sérgio. *Anos 60: Transformações da arte no Brasil*. Rio de Janeiro: Campos Gerais, 1998, p. 69.

18 MEIRELES, Cildo. "Inserções em circuitos ideológicos: 1. Projeto Coca-Cola (1970)" in *Cildo Meireles*. Rio de Janeiro: Funarte, 2009, p. 25.

19 Ibidem, p. 26. Ênfase minha.

20 Ibidem, p. 24. Ênfase minha. V. MAIA, Carmen. *Cildo Meireles*. Rio de Janeiro: Funarte, 2009. Quando, na entrevista que Manuela Muller e eu fizemos em 2022 com Cildo, argumentei que, em alguns casos, em lugar da palavra "apropriação" talvez fosse mais adequado falar em "inapropriação, Cildo emendou, de chofre: "Faz todo sentido! Eu concordo claramente". LEONIDIO, Otavio, MÜLLER, Manuela. "Praticamente tudo é um ato de inserção": Entrevista com Cildo Meireles, *Viso: Cadernos de estética aplicada*, v. 16, n. 30 (jan.-jun., 2022), p. 29-55.

21 BELTING, Hans; BUDDENSIEG, Andrea; WEIBEL, Peter (orgs.). *The Global Contemporary and the Rise of New Art Worlds*. Cambridge (MA) and London: The MIT Press, 2013.

22 Cf. SAFATLE, Vladimir. "Não houve eleição em 2018", *Pública – Central do Servidor* (14 jun. 2021). Disponível em: https://publica.org.br/2021/06/14/entrevista-com-vladimir-safatle-nao-houve-eleicao-em-2018/.

23 O trabalho de Lyz Parayzo, em especial suas inapropriações dos icônicos *Bichos* de Lygia Clark, é um bom exemplo desse tipo de inapropriação estética de monumentos artísticos/culturais brasileiros. Abordei o trabalho de Parayzo no Capítulo 5.

24 Cf. JARDIM, Eduardo. *Limites do moderno. O pensamento estético de Mário de Andrade*. Rio de Janeiro: Relume Dumará, 1999.

25 Sobre a Semana de 22, ver COELHO, Frederico. *A Semana sem fim*. Rio de Janeiro: Casa da Palavra, 2019.

26 Ver NUNES, Benedito. *Oswald canibal*. São Paulo: Perspectiva, 1979.

27 COSTA, Lucio. "Memorial Descritivo do Plano Piloto" in _____. *Registro de uma vivência*. São Paulo: Empresa das Artes, 1995, p. 284.

28 Ver PERLATTO, Fernando. "Interpretando a modernização conservadora: a imaginação sociológica brasileira em tempos difíceis", *Revista Estudos Políticos*, v. 5, n .2 (dez., 2014), p. 461-481.

29 LEONIDIO, Otavio. *Carradas de razões. Lucio Costa e a arquitetura moderna brasileira*. Rio de Janeiro: Ed. PUC-Rio; São Paulo: Loyola, 2008.

30 Instituto Brasileiro de Geografia e Estatística (IBGE). Cidades, Brasília.

31 Ver ROSSETTI, Eduardo Pierrotti. "Brasília-patrimônio. Cidade e arquitetura moderna encarando o presente", *Arquitextos Vitruvius*, ano 13, n. 149.07 (out., 2012).

32 Cf. DERRIDA, Jacques. *Spectres de Marx*. Paris: Éditions Galilée, 1993, p. 189.

33 QUEIRÓS, Adirley. "Entrevista", *Cinética* (12/8/2015). Disponível em: http://revistacinetica.com.br/home/entrevista-com-adirley-queiros/.

34 Sobre ações destituintes, ver NEGRI, Antonio; HARDT, Michael. *Declaração. Isto não é um manifesto*. São Paulo: n-1, 2016.

35 Queirós afirmou isso em um debate realizado em 4 de março de 2023 no Instituto Moreira Salles do Rio de Janeiro.

36 BUTLER, Judith. *A força da não violência*. São Paulo: Boitempo, 2021, p. 25-26.

37 Um dos momentos mais dramáticos do filme acontece em um dos edifícios modernistas brasileiros mais emblemáticos – o Conjunto Residencial do Pedregulho, projetado por Affonso Eduardo Reidy. De resto, o filme se baseia em antinomias típicas do modernismo brasileiro, como urbano x rural, litorâneo x interiorano, moderno x arcaico, espúrio x autêntico, corrompido x ingênuo, entre outras.

38 FISCHER-LICHTE, Erika. *The Transformative Power of Performance. A New Aesthetics*. London: Routledge, 2008.

39 BUTLER, Judith. *A força da não violência*. São Paulo: Boitempo, 2021, p. 103.

40 BUTLER, Judith. *Quadros de guerra. Quando a vida é passível de luto?* Rio de Janeiro: Civilização Brasileira, 2020, p. 239-240. Ênfases minhas. Modifiquei em alguns pontos a tradução da edição brasileira.

41 Apud CANEZ, Anna Paula; SEGAWA, Hugo. "Brasília: utopia que Lucio Costa inventou", *Arquitextos*, ano 11, n. 125.00 (out., 2010).

42 GOMES, Juliano. "Fogos e artifício", *Cinética* (5 fev. 2015). Disponível em: http://revistacinetica.com.br/home/branco-sai-preto-fica-de-adirley-queiros-brasil-2014/.

43 TEIXEIRA, Carlos M. "Brasília, cidade-Cerrado", *Arquitextos*, ano 21, n. 242.00 (jul., 2020).

44 Ibidem.

45 Nesse sentido, a redenção funcionaria como uma espécie de síntese (no sentido hegeliano do termo) no conflito histórico entre dois tipos-ideais que se confrontam na arena política – o complacente/conserva-

dor e o crítico/revolucionário. De um ponto de vista liberal, por sua vez, a ideia de consenso pode ser vista como uma forma de redenção tangível e, nesse sentido, alcançável: a superação ("pós-política") dos antagonismos que, do ponto de vista neoliberal, supostamente emperram o desenvolvimento econômico e a governança tecnocrática da economia. Sobre a ideia de "pós-político", ver MOUFFE, Chantal. *On the Political.* Abingdo: Routledge, 2005.

46 TEIXEIRA, Carlos M. Op. cit.

47 NAVES, Rodrigo. "Um azar histórico" in _____. *O vento e o moinho. Ensaios sobre arte moderna e contemporânea.* São Paulo: Companhia das Letras, 2007, p. 214-215.

48 FERREIRA DA SILVA, Denise. "After It's All Said ..." in *Paulo Nazareth: Melee.* Miami Institute of Contemporary Art, 2020, p. 39.

49 Sobre o aspecto ambivalente e pernicioso da noção de integração, ver ARANTES, Paulo. *A fratura brasileira do mundo.* São Paulo: [s.l.], 2021, p. 56.

50 Hal Foster, em particular, tem mantido um incansável compromisso com a redenção da história e da historicidade. FOSTER, Hal. "What's New about the Neo-Avant-Garde" , *October*, v. 70 (Fall, 1994), p. 5-32.

51 MCSHINE, Kynaston. "Acknowledgments" in *Information.* New York: The Museum of Modern Art, 1970, p. 6. Catálogo da exposição homônima.

52 MEIRELES, Cildo. "Statement" in *Information.* New York: The Museum of Modern Art, 1970, p. 85. Catálogo da exposição homônima. Tradução e ênfase minhas.

Sobre os textos

Caminhos comoventes. Concretismo, neoconcretismo e arte contemporânea brasileira
Originalmente publicado em *Viso. Cadernos de Estética Aplicada*, n. 13, junho de 2013.

Eduardo Coimbra: arquitetura, escultura, desastre
Originalmente publicado em *Viso. Cadernos de Estética Aplicada*, n. 16, junho de 2015.

Mundos de ação. Arte e arquitetura depois da política
Originalmente publicado em *Viso. Cadernos de Estética Aplicada*, n. 26, junho de 2020.

Reivindicar a cidade sem forma
Originalmente publicado na revista *serrote*, n. 38, 2021.

Objeto impróprio, ou: Será mesmo que a arte contemporânea brasileira acabou?
Originalmente publicado em *Viso. Cadernos de Estética Aplicada*, n. 30, junho de 2022.

Vanguardas não-ocidentais: uma inapropriação
Texto inédito em português. Uma versão concisa foi publicada em *e-flux Journal*, n. 137, junho de 2023.

Créditos das imagens

Juliana Notari, *Symbebekos*, 2011. Fotos: Otavio Leonidio.

Museu de Arte Moderna do Rio de Janeiro (MAM Rio). Foto: Otavio Leonidio.

Eduardo Coimbra, *Escultura 2*, 2013, *Fatos arquitetônicos*, 2015, *Uma escultura na sala*, 2015, *Estádio III*, 2011, *Horizontes para Vera*, 2001. Imagens: cortesia Eduardo Coimbra.

Elílson, *Massa Ré #2*, 2016. Cortesia Elílson. Foto: Ique Gazzola.

Maria Palmeiro, *Cut Piece*, 2014. Cortesia Maria Palmeiro. Fotos: Otavio Leonidio.

Carlos M. Teixeira, *Brasília, cidade-Cerrado*, 2020. Imagens: cortesia Carlos M. Teixeira.

Wagner Schwartz, *La Bête*, 2017. Cortesia Wagner Schwartz. Foto: Maíra Spanghero.

Lyz Parayzo, *Bixinha Circular Hexagonal*, 2019. Fonte: Wikipedia.

Márcia X e Alex Hamburger, *Cage e os velocípedes*, 1985. Cortesia Centro de Documentação e Pesquisa do MAM Rio.

Cildo Meireles, *Inserções em circuitos ideológicos 1 – Projeto Coca-Cola*, 1970. Foto: Paula de Oliveira Camargo.

Adirley Queirós, *Branco sai, preto fica*, 2014 e *Mato seco em chamas*, 2022. Imagens: cortesia Adirley Queirós.

1ª edição [maio de 2024]
Esta obra foi composta em Minion Pro para texto
e Meta Plus para títulos.
Miolo impresso em papel Avena 80g/m²
e capa em Cartão Supremo 250g/m².